JN064710

誰も書かなかったグローバルから見た日本古代史

# 「新・日本の誕生」

岡﨑裕夫 OKAZAKI Hiroo

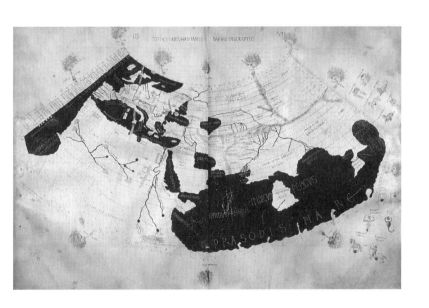

文芸社

## はじまり

グローバルな視点から、日本の始まりを書いてみたい。

歴史学者でも、考古学者でも、人類学者でも、言語学者でもない。日本の始まりについての研究をしているわけでもない。その私が、日本の始まりを書いてみたい、そう思ったのは日本が始まる頃には日本はグローバルの渦中にいたからだ。
グローバルという視点で見ると、日本もその大きなダイナミックな動きの中にいたことが分かる。
それなのに日本の古代史は、いつも「東アジア」の視点でしか見られていない。それよりも西や南の出来事は、全て中国から伝えられたという。そこには大切なものを置き忘れてしまっている、そう感じたのだ。

私の専門は財務であり、数字で物事を見て考えることに長けていた。数字は、グローバルに共通の言語だ。それに欧米での17年間の赴任をしたことが、大きなグローバルな視点をさらに養う良い経験となった。
子供たちの誕生もあり、大赤字で逃げ出したくなったこともあり、そして何度も文化の違いにぶつかって悩んだりもした。多様性を肌で感じて仕事をしてきた。欧州では、9か国語が飛びかう中に身を置いたことで、素直に事実を見ること

の大切さを知った。

その同じ視点で日本の古代史を見ると、今まで全く思いもしなかったことが見え始めたのだ。

それは、中国よりも西や南の国々のことであり、とりわけ日本が大きな影響を受け続けてきたと考えられる「天竺」の世界だった。

「東アジア」の世界に押し込めるのは、「中国」の視点で「日本」を理解しようとしているからだ。それでは、「日本」の一面しか見ていないことになる。あるいは、「東アジア」についても一面しか見ていないことになる。

当時から日本も東アジアもグローバルなダイナミックな世界の中にあった。

## 『今昔物語』との出会い

『今昔物語』に出会ったことが新たな視点獲得の大きなヒントになった。

作者名は分かっていない。平安時代の終わり頃に書かれた、不思議な物語である。

第1〜5巻　天竺

第6〜10巻　震旦

第11〜31巻　本朝

で構成されている。

最初に「天竺」の話から始まる。インドのことである。とても新鮮だった。

全体を通じて仏教の教えが基調にあり、人生をよりよくしていくためのヒントにも満ちていた。

次に震旦。震旦とは、古代インドのサンスクリット語で「秦」を指す「チナ・スターナ（秦の土地）」から来ている。震旦とは、インドが当時の中国を呼んでいた名前だ。

そして最後に本朝＝日本だ。両方の大きな、そして全く異なる文化から国の基盤を学んできたのだと思う。

天竺1/6、震旦1/6、本朝4/6という構成のバランスが、それを物語っているように感じた。

そして日本が、いかに仏教から多くのことを学んできたのかも肌で感じた。

『今昔物語』は、日本の始まりを考えるうえでの「天竺」の大切さも教えてくれた。

そして、平安時代にはこのように天竺の物語を多く集めてこられるほどの、天竺に関する情報が日本にあったことへ驚きを感じた。


その『今昔物語』の中の一つの説話である。


『今昔物語』の巻第30、第1話「平定文、本院の侍従に仮借せる語」が、実に愉快な話だ。

『今昔物語』の話を素材として好まれた芥川龍之介が、短編

シリーズ「好色」でこの話を基にして書かれている。

皇居を警備する役所勤めの次官・平定文：美男子でかっこよく、家柄も良く、会話のセンスがあふれていたので、貴族界きっての色事師
大臣・藤原時平（実在で871～909年・平安前期の左大臣）の御殿の侍従の君：美人で、かっこよく、センスが抜群
の二人の物語。

平定文からの恋文につれない返事をした侍従の君に、時を見て夜中押し入ったが見事に逃げられた。そこに置き土産の「筥」（訳者の注書きによると、「筥」とはここでは単なる「箱」ではなく、「便器」の隠語で用便を入れて樋洗女が処理をしていたもの）。
そこから良い香りがしてくる。そこできっと中を見るだろうと仕組まれたわけだ。
中には「丁子」（「クローブ」という香料）を煮込んだ液（黄色）に、黄黒い3つの丸長い塊。これがまた、芋を錬ったものに香料と甘味料を混ぜたなんともうまい代物。
それを見て、香って、飲んで、食べて、平定文は……恋狂いになってしまったと。
"落ち"は読んでのお楽しみ。ぜひ読んでいただきたい一話である。

さて物語によれば、平安時代の貴族たちは、日常的生活の中で丁子を香料として使っていたようである。東大寺の正倉院にも保管されたものが残っている。この丁子が疑問のきっかけになった。

丁子は、フトモモ科の樹木チョウジノキの香りのよい花蕾である。原産地はインドネシアのモルッカ諸島であり、香辛料として一般的に使われるほか、生薬としても使われる。漢名は丁香である。

ここで重要なことは、丁子は世界でインドネシアのモルッカ諸島にしかできない、ごく限られた範囲で使われていた重要香料であったということだ。少なくとも、大航海時代以降、西欧諸国が競って丁子の貿易権を獲得するようになるまでは、モルッカ諸島限定特産品であったのだ。

紀元前の前漢時代には、既に口臭を消す香料として使用され、皇帝への面会の時に口に含み噛んでいたそうだ（「株式会社ウチダ和漢薬」のホームページより）。また、ローマ帝国でも、主要な香料として1世紀の「博物誌」の中に記載されていたという。
紀元前後の時代、漢とローマ帝国という当時の巨大国が、どのようにして丁子をインドネシアから輸入していたのだろう？　インドネシアのモルッカ諸島から漢の長安へ、あるい

は遥か遠く西にあるローマまで、船で運ぶしかないのだが、一体誰がそれを運んだのだろう？

この単純な疑問から掘り起こしてみると、日本の古代史を見る時にグローバルの視点が必要と感じたのである。

専門家ではないので、古代史の論文は書けない。しかも引用できる論文自体が極めて少ないのである。

だから「エッセイ」という形で進めようと思う。「essai（エッセイ）」はフランス語で、もともとの意味は「試み」でもある。

日本の始まりを、グローバルな視点で見ていこうとしている。それもきっと素人だからこそ出来る新しい「試み」なのだと思う。

パッチワークにもならない点だらけだが、それでも私たちが習ってきた「日本の始まり」とは全く違う風景が多く見えてきたのである。

# 目次

## 第 0 章
# 紀元前 660 年

## 日本建国

紀元前660年1月1日、初代天皇である神武天皇が、奈良県橿原の地で即位をされた日だ。

新暦によれば西暦紀元前660年2月11日。現在の建国記念の日である。

それから1380年後の奈良時代、720年に発行された日本最初の国史である『日本書紀』の「巻第一　神代上」「巻第二　神代下」に次いで「巻第三　神武天皇」にその話が書かれている。

九州の地から東征し、奈良の宇陀で戦いに勝利し、周辺を治め、畝傍山の東南橿原の地を都と決め、即位された。

当時、日本はまだ弥生時代の前期にあたる。

縄文時代からの人口推定を行っている研究は多くはない。下記に、発見されている遺跡の数から推定している鬼頭宏氏の『人口から読む日本の歴史』掲載の表から抜き出した。

この場合、正確性を議論するのではなく、人口推移のトレンドを知るということだ。

| | 人口（人） | 作者コメント |
|---|---|---|
| 紀元前 6100 年 | 20,100 | |
| 3200 年 | 105,500 | |
| 2300 年 | 261,300 | この時代がピーク |
| | | 温暖化：現在＋ 2℃前後 |
| | | 海面が 3〜6m ほど高かった |
| 1300 年 | 160,300 | |
| 900 年 | 75,800 | 寒冷化進む |
| | | 栗・樫などの花粉量減少 |
| 500 年 | | 現在よりも 1℃以上の低温 |
| 400 年 | 30,000 人説と | |
| | 100,000 人説あり | |
| 紀元元年 | 300,000 | |
| 200 年 | 594,900 | 渡来人も多くなってきた |
| 725 年 | 4,512,200 | 奈良時代前期 |

（紀元前 400 年と紀元元年は Wikipedia「近代以前の日本の人口統計」より。その他は鬼頭宏氏の『人口から読む日本の歴史』の「表 1　日本列島の地域人口」より）

日本の人口は、温暖化（現在より約 2℃高い）で縄文時代の中期、紀元前 2300 年頃に 26 万人まで増加したが、その後の寒冷化（現在より 1℃以上低い）などにより 10 万人以下まで減少してしまった。

主な理由は、一つは人口の集中していた関東・東北で、寒冷化の影響で当時の主食であった栗、コナラ（どんぐり）が大きく減少したこと。これは、花粉の分析からも明白となって

いる。もう一つは、海外から渡来してきた人々から新しい伝染病が持ち込まれたこと。これは、人口減が大幅でありすぎることからの仮説であるとのことだ。

縄文時代を謳歌する声を聞くことがあるが、縄文時代は気候の変化で人口が大きく増減する時代だったということを理解するべきだと思う。自然と共に生きるというフレーズはかっこよくても、生きていくこと自体が大変厳しい時代だった。推定されている平均寿命は、30歳に満たず、中世でいう15歳の元服の歳まで生き残るのは半分に満たなかったという。出産時や幼児の死亡も大変多かった。

日本が建国されたとされている紀元前660年は、その人口減少にようやく歯止めがかかってきたような時代だ。まだ人口は日本全体で10万人に満たない。水田開発による食料供給が始まり広がろうとしていた。また「弥生人」が日本へ渡来を始めたころでもある。各地にその痕跡が残っている。唐津市の菜畑遺跡が放射性炭素14の年代測定で紀元前930年頃と判定されて、従来の縄文時代の末期に既に稲作が始まっていたことが分かった。その後福岡の板付遺跡、長崎県雲仙の山ノ寺遺跡、大分県大石遺跡など九州各地で見つかっている。しかし、まだ大きな変化にはなっていない。
そして各地に川に沿って水田を中心にした弥生集落の形成が生まれていたのである。

現在、縄文時代と弥生時代の区分の根拠の一つである稲作の始まりが、大きく早まったために、縄文時代と弥生時代の区分が曖昧になっている。

森を切り開き、田を開墾するにも、まだ青銅器も鉄器も日本へは実用されるほど入ってはおらず、石器、土器、骨器、木器による生活の時代だ。
石器、土器、骨器、木器などの物々交換に加えて、玉造や漆塗の生産活動や特別な土器や土偶などの生産が各地で始まっていた。
都市国家と言えるような規模ではなく、多くとも数百人規模の村集落である。
記録するための文字はなく、記録としての絵もほとんど見つかってはいない。

## グローバルに見た紀元前 7 世紀頃

同じ頃、世界各地には人口が 10 万人を超える都市がいくつか出来ている。日本全体の人口に匹敵する規模の都市である（人口は Wikipedia　モデルスキー氏による）。

### メソポタミア

当時、世界の中心地の一つはメソポタミア地方にあった。チグリス・ユーフラテス川の河口付近にはバビロニア（首都バ

ビロンは最大の 20 万都市)、上流にはアッシリアがあり、地中海側にフェニキアやクレタなどの商人国家が繁栄し、鉱工業も盛んになっていた。

アッシリアは、当時既に 1300 年以上の歴史を誇り、紀元前668〜627 年に王位について活躍したアッシュールバニパル王が、南のバビロニア、地中海のシリア、エジプト第 25 王朝を従属させ、ニネヴェ（人口 10 万人）を首都とし全盛期を迎えた。

アッシリアが世界初めての帝国という説もある。

アッシュールバニパル王は、ニネヴェに**世界最初の図書館**を作り、3 万点の粘土板の書籍を集めた。遺跡から、宗教的文書のほか、メソポタミアの歴史、さらに世界初の叙事詩となる『ギルガメッシュ叙事詩』が出土した。叙事詩は、紀元前1200〜1300 年ごろのものだ。


イスラエル王国が紀元前 722 年にアッシリアに滅ぼされ、南に分割されたユダ国がアッシリアの属国として生き延びていた。紀元前 621 年、ユダ国のヨシア王はアッシリアに奪われていた北部地区を奪還し、ヤハヴェの神のもとイスラエルの南北を再統一した。

一神教の神としてエルサレムに神殿を建て直した。実体的なユダヤ教の始まりという説もある。

その後、エジプトに敗れ、またバビロニアに捕囚されるという苦難を越えての物語は、1 世紀に編纂されたとされる『ユ

ダヤ教正典（キリスト教の旧約聖書）』に詳しい。

**欧州**

欧州は、西アジアの文明の影響を大きく受けて、早くから青銅器文明時代へ入り、また地中海交易にともなってクレタ島やギリシャなど海岸沿いの交易港が発展し、紀元前 7 世紀には、ギリシャでも都市国家（ポリス）が誕生していた。アテナイ（アテネ）、スパルタ、コリントスなどで僭主が生まれた。

「前七世紀の法」が成文化されて制定され、500 年以上口頭で語り継がれてきた『イリアス』『オデュッセイア』の叙事詩がギリシャ文字で書かれた。そこに書かれていた有名なトロイ戦争の物語は、実際に遺跡が発掘されて史実であったことが判明された。

この時代の記録の媒体は、紀元前 2000 年ごろから使い始めたエジプト発明のパピルス文書だ。

その後紀元前 5 世紀にはヘロドトスによる『ヒストリアイ』（歴史＝ History の語源）で、メソポタミアの歴史とペルシャ戦争（ギリシャが勝利）が書かれ、紀元前 4 世紀にはトゥキュディデスの『戦史』にはアテナイとスパルタのペロポネス戦争が記録された。

同じころに、マケドニア国のアレキサンドロス大王は、ペルシャ帝国を破り、その勢いでインダス川まで領土を拡大しな

がら、川を越えてインドへ攻め込んでいった。

マケドニアとインドの大きな戦いは、ヒュダスペス川の渡河地点で行われ、マケドニア歩兵3万4000人、騎馬兵7000人に対し、インド歩兵3万人、騎馬兵2000人、戦車300台、戦象200と、総計10万人に近い戦いが繰り広げられた。

## インド
インドは、紀元前7世紀は釈迦の誕生（多数説あり、南伝仏教国の記録による）である。紀元前6〜5世紀には、仏教とヒンドゥー教が生まれた。政治的には、16の大国が争って将来仏教スポンサー国となるマガダ王国が勢力を拡大していた。

バラモン教の神話や教えなどは、紀元前1500年よりも前から口頭での伝承がなされてきていたようだ。紀元前1000年〜紀元前300年に編纂して紀元前300年ごろに一大宗教思想として作り上げられた。その経典をヴェーダ（知識）と呼び、リグヴェーダ（神々への賛歌）、サーマ・ヴェーダ（賛歌の旋律）、ヤジュル・ヴェーダ（祭祀の決まり）、アタルヴァ・ヴェーダ（呪文−悪霊除け・恋愛・商売）の4つから構成されている。アーユルヴェーダも医学薬学の書としてアタルヴァ・ヴェーダの副本として含まれている。

この伝承によって引き継がれてきたヴェーダ文化は、「ヴェーダ詠唱の伝統」として、ユネスコの無形文化遺産に2009年に登録された。

インドには歴史がないから文化が無いと言い切る学者もいるが、詠唱により伝えられた文化は見事に文字として残されたのだ。

仏教の教えを伝えるために、多くの経典や物語が生まれ、叙事詩、文学、詩、劇作などなどへと大きく発展をした。仏教を伝えるための劇はまさに「ミュージカル」の原形のように感じる。子供へ伝えるための絵本は童話集や人形劇へと展開された。

輪廻の思想や歴史を持たない故なのか、創造力が極めて豊かな文化だと思う。この創造力豊かな伝達力が東南アジアへの仏教の伝播に大きく寄与し、東南アジアでの「インド化」という文化そのものの伝播に繋がっていると思う。

法隆寺蔵の玉虫厨子には、仏教の教えを動物のたとえ話として書かれた「ジャータカ物語」に施身聞偈図の雪山王子や、捨身飼虎図の薩埵王子が描かれていることで知られる。アジア中にこのようなインド発の文化が多く残っている。日本にも本当に多く残っているのだが、あまりそのことは知られていない。

**中国**

中国は、紀元前7世紀、春秋時代（紀元前771年〜紀元前453年）の中頃であった。当時の世界でのもう一つの中心だった、と言ってよいだろう。

紀元前7世紀には周が東西に分裂したものの、東周の首都洛陽は世界最大の都市（10万〜20万人）の一つであった。山東州の斉国でも、国王太公望と名宰相管仲が国を繁栄させるため、「富国論的発想」で議論を交わした。その会話が『管子』という書になって残っている。斉の首都臨淄<ruby>リンシ</ruby>も中国でもう一つの10万都市だった。

さらに紀元前6世紀半ばには孔子などの儒教の教えなど諸子百家が活躍、多くの書と共に伝えられている。

そして紀元前90年前後、司馬遷による『史記』が完成され、伝説時代から漢の武帝までの歴史記録が作り上げられたのだ。

歴史を重視し、歴史を書いて残すことで時の皇帝の善政を促す抑止力になる、そのような考え方もあったのかと思う。

**日本**

日本国が誕生した神話時代の頃の世界をざっと目を通してみた。

文字があり、記録があり、伝説や伝承があり、宗教があり、叙事詩があり、歴史の記載があり、文学も、世界観や思想も、書かれたもので残っている。そして医学・天文学までだ。

ニネヴェに至っては、世界初めての図書館まで作られていた。

日本がこれらの国々と肩を並べるほどの文化度になったのは、『日本書紀』が書かれた奈良時代だろう。

奈良の都が 10 万〜20 万都市となって、日本の人口も 400 万人を超えるまでに増加した 8 世紀のことだ。平城京という長安に模した都を作り上げた。

初めての国史『日本書紀』が 720 年に書かれ、初めての歌集『万葉集』が 8 世紀後半に書かれ、初めての体系的な法律「大宝律令」が 701 年に発布された。

仏教を国の鎮護の宗教として、全国的に寺院建設を展開し、仏教文化が花開いた。

全国に 7 つの街道を結び、駅舎 – 馬を乗り継いで走らせるための厩を 16km 前後に作っていった。

そして教科書にも『日本書紀』にも出てこないのだが、「日本国」そのものが 7 世紀の終わり頃に中央集権の統一国家として建国されたと考えられている。天皇の呼称もその頃のことである。

決して紀元前 7 世紀の前半には日本国は無かったし、天皇も存在しなかったのだ。


グローバルな世界の先進国からは、日本国の誕生は 1000 年以上の遅れがあった。

---
## 第1章
# 紀元前後を中心にグローバルに


## 1　プトレマイオスの古代世界地図

時代は2世紀、古代ローマ帝国は五賢帝の時代と呼ばれ、その勢力は最盛期を迎えていた。東はトルコ・レバノン・シリア・イスラエル・エジプトから、西はスペインまでアフリカ北岸を含めて地中海を取り囲むように広がり、北は英国の過半とライン川とドナウ川のラインまで押し広げていた。

「全ての道はローマへ繋がる」と言われた馬車で通れる道路網と共に、地中海・黒海を中心に紅海をも支配し、海運が大いに発達していた。

人口は諸説あるが、Wikipediaではこの時期に最高を迎え6000万人と言う。都市ローマは繁栄し、当時世界で唯一の100万人都市であった。

ローマ帝国は、「パクス・ロマーナ」と言われる、ローマの力で守られていた「ローマによる平和の時代」（紀元前27年〜180年までの約200年間を言う）を謳歌していた。


地中海のフランス沖で、1967年に紀元前50年ごろの貨物船（ワイン輸送中）の沈没船が発見された。それは、全長約40m、幅7.5m、積載量500tもの「マイリオフォロイ」（10,000

20

壺輸送船）と呼ばれていた大型貨物船であった。実際に沈没船には8000個ほどのワイン壺（一つ約50kgなので400t）を積み込んでいた。

船は大量の貨物を運ぶために、外の板を二重とし、底にたまった水をポンプで船外へ排水する装置がついていたという。船舶の設計者が驚くほどの技術力を駆使した船だった。日本では同じ時代、まだ丸木舟であった。時代が進み江戸時代には北海道と大阪を往復する北前船が活躍したが、それでも積載量は米1000石（千石船）の150tに過ぎない。いかに当時のローマ帝国の海運が巨大だったか理解できるだろう。地中海を「マーレ・ノストルム」（我々の海）と呼び、客船、貨物船、軍艦、漁船などが、東西へと動き回っていたのである。

150年頃のこと、エジプトのアレキサンドリアに住んでいたローマの学者であるプトレマイオスが、『地理誌』（Geographia）に世界地図を書き表した。その原本は失われてしまったが、緯度経度の座標軸を使い8000か所以上のポイントを本に書き表しており、その情報を基にして12〜13世紀にギリシャ語で出版されなおした世界地図が残っている。作られてから長期間忘れ去られたが、10世紀以上も経ってから初めて実用に供された世界地図だ。

15世紀になって、当時のヨーロッパ諸国の新しい図版が付け加えられ、ラテン語に翻訳されたものが写本となって出版さ

れた。おおよそ1300年の時を経て蘇った世界地図は、王侯貴族や収集家、学者の間に広まり、現在各国の図書館に保管されている。それが1477年のボローニャ版、1478年のローマ版と銅板で出版されるに至り、多くの研究者と知識人にも手にされるようになった。

この地図が、1492年にコロンブスが大西洋を横断してインドへ向かい、アメリカ大陸を発見することになる引き金となったという。そこから16世紀の大航海時代と欧州各国の海洋進出に繋がって行くことになる。

その後、新しい世界が判明してくる中で修正が繰り返され、また新しい手法の世界地図が生まれたが、この「古代地図」が完全に放棄されるに至るのに、1570年まで約1世紀を必要とした。

それほどまでに画期的な地図であった。


南半球が陸地でつながっているようになっているが、紀元前5世紀に活躍したギリシャの歴史家ヘロドトスの『ヒストリアイ』（「歴史」の語源となっている）に、エジプト王ネコに命じられ、紀元前7世紀にフェニキアの艦隊が3年かけて、アフリカ大陸の周航をしたと書かれている。

当時も真偽のほどが議論になっていたらしいが、近年では肯定的な意見が多くなっている。それならば、1488年から2000年以上も前に、喜望峰（これは誤訳で「Cape of Good Hope」＝「希望の岬」が正解）は発見されていたことになる。

しかし、2世紀においてアフリカはまだまだ未知の世界であったということなのだろう。

プトレマイオスの古代地図に帰ろう。ヨーロッパや地中海沿岸に関してはかなりの精度で書かれている。ナイル川、インダス川、ガンジス川が明確になっていて、紅海、インド洋、黒海、カスピ海なども十分に分かる。アレキサンダー大王のインド遠征（紀元前4世紀）により、インダス川あたりまでの地理情報が大きく増えたという。

インドの大陸が小さく、セイロン島がやけに大きく書かれている。それより東にあるマレー半島の姿はよくとらえている。半島の名前は「黄金半島」。そしてその西のミャンマーの海岸は「銀の海岸」。それらの名前から、東南アジアでの鉱山開発が当時すでに進んでいたことが推測できる。その情報もローマまで入って来ていたのだろう。

これらは、先人の地誌、旅行記や航海記などが基になって作られたと考えられている。

紀元前1世紀のギリシャ系ローマ人で地理・歴史学者のストラボンも、自ら地中海を筆頭にエジプトからエチオピアまで旅をし、欧州とインドまでの世界を『ギリシア・ローマ世界地誌』に書いた。これを見ると、地中海の港町に関しては詳細な情報がある。内陸の地図は川を詳しく書き入れて、それに街をプロットさせている。船での海と川をたどる旅が主流

であったことが分かる。またそこでは、「インド地誌はアレキサンドロス大王から」と明記されている。

アレキサンドロス大王は宿敵のペルシャ軍を破ると、その勢いでインドへ遠征した。紀元前326年のことだ。帰国時には、インダス川下流からペルシャ湾を抜けてチグリス・ユーフラテス川の河口まで、船での探検の旅を命じている。この記録がストラボンなどへ伝えられた。

どのようにして緯度経度を決めていたのか、事例を一つ引用する。

「シュエネの場合、シュエネとアラビア湾内のベレニケ、そしてトログロデュティケ地方では、夏至の頃には太陽が天頂の下になり、昼間が一番長くて13時間半になる。また、北極圏内には大熊座の星もほとんど全体が見え、わずかに四肢、尾の先と四角形を作る星のうち一つが見えない」

他には都市間などの距離の情報があり、それらを丁寧に組み合わせてひとつひとつ計算されていたのである。8000か所の計算に、コンピューターなどない時代に、どれほど多大な労力がかかっただろうか、想像さえできない。

その頃、エジプトやギリシャなど各地の学者が、エジプトのアレキサンドリアに集まり、数学、天文学、地理学などを学んでいた。既に紀元前3世紀にアルキメデスの友人でリビア生まれのエラトステネスが、地球が丸いこと、地球の円周の

長さが約 4 万 6000km であることなどを記録していた。

当時の天文学に基づいて、地球の緯度経度が計算されていた
のだ。そのような天文学の発展がベースにあって、地図も書
くことが可能となったのだ。

キリスト教がローマ帝国の国教となってからは、地球も太陽
も月や星も神が造りたもうたものだと、学問の世界からは消
えてしまった。

プトレマイオスの古代地図は、ナポリで出版されたバージョ
ンが書籍として現在出版されている。ヨーロッパ 10 枚、アフ
リカ 4 枚、アジア 12 枚の詳細地図が含まれている。川と山脈
が入り、また大きな都市が書き込まれている。

地図の東の一番端には「Sinae」(「秦」＝中国)と書かれてい
るが、もちろん日本はまだローマ帝国にとっては未知の国で
あった。朝鮮半島も日本も影も形もない。

15 世紀になって初めて、マルティン・ベハイムの地球地図
に、同じ時代に書かれたマルコ・ポーロの『東方見聞録』に
記された記事から、「ジパング」が書き込まれた。アメリカ大
陸はまだ発見されておらず、日本は東のかなたであった。日
本は文字通り世界の「極東」(ファーイースト)だった。

2 世紀には、ユーラシア大陸は東西に、世界地図がかける程
に人の交流があり地理の情報がローマに集まっていた。

「プトレマイオス世界地図」

大西洋　　ナイル川　　紅海　　インド洋　　インド　　　　　中国
　　地中海　　トルコ　　サウジ　　スリランカ　　　　　　マレー半島
　　　　　　　　　　　　　　　　　　　　　「銀の海岸」　「黄金半島」

## 2　東西の交易の道～シルクロード

このプトレマイオスの地図の時代、今度は教科書に出てくる
ようなユーラシア大陸の地図である。

この時代、ローマ帝国は五賢帝時代（96年～161年）の全盛
期を迎えていた。

中国においては、新によって前漢が滅ぼされた後、後漢の光
武帝が37年に再統一を果たし、その後107年に西域都護の駐
在するクチャを放棄するまでの70年間、ユーラシア大陸が僅

## 100年頃のユーラシア世界

か4つの国でつながっていた。


# 第1のシルクロード：オアシス路

その中国とローマに挟まれた中近東・西アジアには、イラン系と思われる2つの国が生まれていた。


### パルティア

紀元前3世紀半ば～224年。中央アジアの遊牧民である。アルサケス朝と呼ばれるイラン系王朝。イラン高原を治めたペルシャ人を核にした多民族国家であり、東西の貿易で栄えていた。ギリシャの文化を多く取り入れ、パルティア語以外に公用語にもギリシャ語が使われた。

**クシャーナ朝**

1世紀頃〜375年。月氏（イラン系が有力だが、トルコ系・チベット系など学説は割れている）の末裔の王朝で、アフガニスタンからインダス川流域（現パキスタン）地域を治めていた。言語はバクトリア語でイラン系言語である。多民族で宗教の自由を認めながらも、2世紀半ばの第4代カニシカ1世が仏教に帰依し、仏教を厚く保護をした。仏教とギリシャ文化が混じりあうガンダーラ文化を生み出したことで有名だ。

ローマ帝国とパルティアとの関係は、歴史的に緊張関係が続いていたものの、ここに洛陽からローマまでのシルクロード（オアシス路）が繋がっていたのである。

当時（100年）の世界大都市人口トップ5（Wikipedia「歴史上の推定都市人口」より）
1位：ローマ（ローマ帝国：世界初めての100万人都市）
2位：アレキサンドリア（エジプト―ローマ帝国：50万人）
3位：洛陽（後漢：42万人）
4位：セレウキア（イラン・バグダットの近く―パルティア：40万人）
5位：アンティオキア（トルコ―ローマ帝国：33万人）

前漢の武帝時代（紀元前140〜紀元前87）に、北の遊牧民とりわけ匈奴との戦いを制して、中国の西域の国々を前漢の支

配下に組み入れた。

紀元前 121 年頃に前後してオアシス路の東端にあたるいわゆる「河西回廊」と呼ばれる最も狭くなる危険地帯に河西４郡を設置、この中にシルクロードの象徴のような敦煌が含まれているが、これらの地に軍を駐屯させ、西域諸国との同盟関係を結んだのである。

ここに初めてシルクロード「オアシス路」が、商人が比較的安全に移動することができる道として確立したのである。

しかし通行できたのは、後漢が西域に力を持っていた 107 年までだった。

それ以降、唐が西域を抑える７世紀になるまで、一時は仏教国が連なって比較的安定した時期もあったが、総じて支配者の入れ替わりが激しい不安定な時代が続いた。


## 第２のシルクロード：ステップ路

シルクロードはこのオアシス路ばかりが強調されているが、シルクロードにはもう２つの路があったと教科書に出てくる。

P30 の図の薄い帯がステップ地帯（草原が多い）で、砂漠もなく、高い山も少なく、騎馬が走れる草原の道が繋がっている。今のハンガリーからルーマニア・ウクライナ、黒海・カスピ海の北を通り、モンゴルの北側から満州へ抜ける直線距離で 6500km にも及ぶベルト地帯になっている。小麦などの

## ステップ路

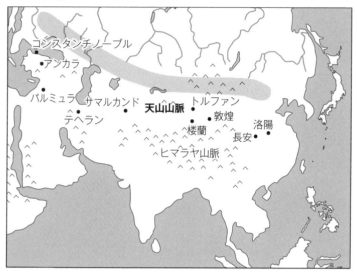

多く取れる豊かな穀倉地帯である。

匈奴（フン族）の西への移動やゲルマンの欧州へ大移動した
路であり、また13〜14世紀のモンゴル（元）の支配も、この
ステップ地帯を駆け抜ける騎馬隊が活躍したことで可能で
あった。元国の支配する領域を見るとこのステップ地帯が
丸々入っている。

シルクロードのステップ路と呼ばれているが、遊牧民の抗争
が常に激しい危険地帯でもある。商人にとっては、時代に
よって大きく変わるが、砂漠のオアシス路を行くよりも更に
リスクが高くなる路でもあったようだ。しかし、スキタイや

匈奴などの遊牧民が交易を推し進めていて、遊牧民と親しく交易が出来たギリシャ人やソグド人などの武器や馬などを含む商人の集団が活躍した。

遊牧民とは、定住しないで食料を求めて家畜と共に移動するので農耕はしないし、都市も持たない。男子は全員が騎馬隊戦士であり、弓に長けている。機動性に富み、攻撃・逃げのスピードに長ける、という一般的な特徴を持っている。

定住・農耕社会とは、全く正反対のような社会・文化・道徳を持っている。

その騎馬隊の攻撃から国を護るために、中国は「万里の長城」という馬が通れない6000kmを超える気が遠くなるような壁を建設した。

そして、都市国家はまさに高い壁で囲い込んだ城壁を持った都市であった。ドイツの「○○○ブルグ」、フランスの「△△△ブール」、スラブ（東欧・ロシア等）の「□□□グラード」の名前は、全て城壁都市を意味している。インド、中国でも全て城壁都市であった。

最初に草原の道をスキタイ（紀元前8世紀〜3世紀頃まで）が雄として栄え、次に匈奴（紀元前3世紀〜4世紀頃）が支配したが、4世紀には西へ「フン族」として移動を始め（学説ではいくつかの異論がある）、それがゲルマンの大移動というヨーロッパの大きな変革期へ繋がった。

その後、鮮卑が巨大化し、その鮮卑は中国華北から全土を統一し、隋・唐という中国王朝を作り上げる存在となった。隋・唐は中華人の治める国ではなく、モンゴルにいた遊牧民族が作った国である。

その後、日本にまで攻撃を仕掛けてきた「元」の時代は、モンゴル帝国というとてつもないユーラシア大陸で世界史史上最大の国家を作り上げた（英国帝国の18世紀の植民地時代の領土の方が少し大きい）。1世紀ほどの短い期間ではあったが、自由な貿易を奨励し、貨幣経済を発達させ、信用の紙幣まで発行し、おそらく商人にとっては安全で商売がやりやすい活気ある時代であったと言える。

## 第3のシルクロード：南海路

もう一つのシルクロードは、海の航路「南海路」である。海のシルクロードとも呼ばれている。
ローマから地中海でアレキサンドリアへ運び、陸送した後に紅海〜インド洋〜ベンガル湾〜マレー半島（シンガポールまで迂回して回り込むよりもマレー半島を陸送した方が当初は早かった）〜ベトナムの南部〜南シナ海・東シナ海〜そして中国と船でつながっていたのだ。海路としては、ほぼ2万kmの長距離船便だ。

南海路を行けば、500tの積載船一隻分で、オアシス路を行く
ラクダ1250頭分（一頭400kgとして）に匹敵する荷物を送れ
る。

季節風の吹く天候の良い時期を選んで航海すれば、砂漠地帯
を行くオアシス路に比べて安全であり、より多くの物流を運
ぶことが可能なのだ。

しかも、パルティアとローマは長年の敵対関係があって、
ローマとしてはパルティアを通すことが面白くない。パル
ティアを通すと関税などの価格が高くなるうえに、山賊に襲
われるリスクも大きくなった。

必然的に、ローマ帝国はアレキサンドリアから紅海を抜ける
海路をより使えるように開発をしていった。結果、オアシス
路よりも南海路の方が、圧倒的に多くの物流を運んでいたの
だ。しかし、歴史は何故かオアシス路に大きく光が当てられ
ている。海よりも砂漠の方がロマンにあふれているのであろ
うか。中国にとって、南海路に光が当たり始めるのはようや
く唐の時代であり、本格化したのはあの遊牧騎馬民族の元の
時代になろう。その後、明の時代にはインド洋からアラブ・
アフリカまで何度も航海をしながらも、海の道は中国にとっ
て優先順位は低く、北からの脅威への備えを優先させること
になった。

その後すぐに、欧州の国々が南海路を開発し、大航海時代を
迎えることになった。

遺跡から発見される交易の跡を追いかけていくと、南海路の重要性が浮かび上がる。

おそらくオアシス路は中国が作った、中華の文化圏という認識があったのだろうか。

南海路は中華とは全く違う文化圏だ。中華にとっては、海の世界は「東夷」であり「南蛮」だった。ローマ帝国からギリシャ・ペルシャ・アラブの商人そしてインド商人、あるいは東南アジアの商人たちが多く係わっていた。

東南アジアを通り、終点も中国華南の広州や合浦である。中国においても「呉越」の民族が中心だった地域だ。

洛陽も長安も遠く外れている。中華の視点からは歴史上の注目度はどうしても低くなってくる。したがって「東アジア」の視点で見る限り、南海路には日が当たらないのだ。


地中海・紅海とインドの東海岸を結ぶ交通路は、この2世紀よりもかなり古くから使われていたことが遺跡から出てくる遺物で分かってきている。


インダス文明は文字がまだ解読されていないため、未知のことが多くあるが、非常に優れた都市国家群を作り上げていた。そして紀元前17世紀頃に忽然姿を消している。

その遺跡から出てくる遺物によって、その時代からインドとメソポタミアとの広域にわたる交易が海路で行われていたことが分かってきている。インドの西海岸で、メソポタミアの

銀貨が出土しているうえに、出荷する時に付けておく荷札（封緘の意味もある）が多く出てきている。

またメソポタミアやペルシャ湾岸とインドとが、船で交易を行っていたと推測される遺物が、メソポタミアだけでなく、中継したのだろうアラブ海沿岸のファイラカ島（現クウェート）、バーレーン島（現バーレーン）からも出てきている。

メソポタミア地方は、イスラエルのソロモン王時代・シバの女王も登場する王国同士の交易があり、フェニキア商人またユダヤの商人、レバノンとシリアの商人、クレタやギリシャの商人など、輝かしい交易の歴史を残している海の民族が多く出現した。

これにインドが加わっていたのだが、一時期紀元前6世紀頃にはペルシャ帝国のダリウス大王が、ナイルと紅海を運河で結び、インダス川からエジプトまでの交易を支配したという。このような交易が、造船と航海の技術を大きく伸ばした原動力になったものと思える。

そしてインドの西海岸からインドの先端を回り、あるいはインドを陸送（川を含む）し、東海岸にも多くの港が生まれていた。

インドが東南アジアの資源を求めて東へ向かい、ミャンマー・マレーシア・インドネシア・ベトナムなどに港町を作り、インド文化を持ち込みながら、中国まで伸びる南海路を開拓し、東西に大きく伸びた南海路が結ばれた。

## シルクロード：オアシス路と南海路

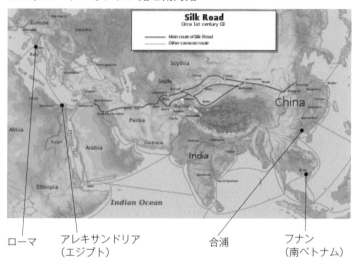

ローマ　　　アレキサンドリア　　　　　　　　　合浦　　　　フナン
　　　　　（エジプト）　　　　　　　　　　　　　　　　　　　　（南ベトナム）

（参考）漢の時代の越（北ベトナム）との国境の港湾都市合浦
の漢墓博物館について「国家重要文化財に指定されている合
浦漢墓群は北海市合浦県廉州鎮（作者注：中国の東南海岸で
ベトナム国境まで100kmほど。一番近い大都市はベトナムの
ハノイである）に位置し、その広さは東西に約5km、南北に
13kmと広大で、敷地面積は約6900ha（作者注：同時代の吉
野ヶ里遺跡のおおよそ60倍）に及びます。漢の時代の社会階
層を中心とする漢墓が約7000個も存在し、そのうち400個あ
まりが発掘され、漢時代の銅製の急須や古代ペルシャから輸
入された瑠璃杯（作者注：ガラスの杯）などの1万件以上の
遺物が出土しました。2008年に合浦漢墓群遺跡の上には漢墓

博物館が建てられ、古漢墓や遺跡から出土した品々が保存展示されています。館内は青銅館、陶器館、海のシルクロード館という3つの展示室に分かれています。

歴史を紐解くと、かつて漢の時代の中原地帯やこの地域の商売人たちは磁器や布、蜀錦などを船に乗せて、北部湾を出発し印度を経由してローマやエジプトなどに輸出していました。その路線は有名な海のシルクロードを通っており、合浦県は古代中国と世界の交流を担う重要な港の一つでした。発掘された漢墓の中には様々な副葬品が数十品から数百品ほど共にあり、金や銀、玉石、磁器などのほかに瑠璃や瑪瑙、水晶などといった輸入品も多く含まれています」（中国観光ガイド「ふれあい中国」HPより）。

## 第4のシルクロード：西南路

歴史の教科書には出てこない、もう一つのシルクロードが存在した。第4のシルクロードは西南のシルクロードと呼ばれている。
中国の洛陽から西南に向かい、四川省〜雲南省を通って山道をミャンマーへ抜け、西に向かいインドアッサム地方へ向かう道である。インドのガンジス川流域からは、南海路でローマまでつながっていた。

紀元前2世紀の終わりごろに前漢の張騫が、匈奴を挟み撃ちにするために大月氏国へ訪問するが、途中匈奴に囚われながらも逃亡し、大月氏国までたどり着くことが出来た。帰路にインドへ向かった時、そこに中国「蜀」の産物である絹織物と竹細工が市場で売られていることを発見した。インドと蜀が直接交易をしているという事実を知り、この西南のシルクロードがあることを知る。

4000m級の山脈が続く険しい山谷を通るのだが、中国（洛陽）からインド（マガダ国の首都パータリプトラ〔現プトナ〕）まで西南路で行けば、オアシス路に比べると距離では半分以下になる。

この道で、中国の古代「蜀」の地域、今の四川省・雲南省から、ミャンマーの北部を通りインド北西部へ繋がるのである。

中国で絹織物が始まったと言うことだが、この蜀の地域が絹の発祥の地であるという説が有力で、紀元前3000年頃にはその生産が始まっていたと考えられている。「蜀」の漢字も「蚕」から来ているという説がある。「蚕」の日本語の訓読みは「いもむし」だ。蚕は蚕だけでは自然の中で生きていけないと言う。人的に飼いならされてしまったという。絹の繭を創り出すために育てられたおそらく唯一の虫の「家畜」である。

この西南路を使って、「蜀」で作られた絹織物をインドのガンジス川河口まで運んだ後、南海路に乗ってインドからローマまで運んだ。

中国南西部の山岳地帯、蜀の人たちにとっては、西南のシルクロードを通じて西域の市場まで通じる。中華の長安を通ることなくインドやペルシャ、ローマ帝国の人たちへ絹織物を届けることができたのだ。

この西南のシルクロードこそ、インドと蜀地方の交易の発展だけではなく、商人や仏教僧たちを中心にした人や文化の交流があり、その中間点に多く存在していた東南アジアの民族

**西南のシルクロード**

シルクロードには4つの路が存在し、交易の中心は海の道となる南海路だった！
さらに西南路でインドと中国の雲南地方・蜀・巴が直接繋がっていた！

や中国少数民族の人々の歴史に、大変大きな意味をもたらしたものだと思えるのである。

## 3 『エリュトゥラー海案内記』

プトレマイオスの古代世界地図より1世紀近くさかのぼり、1世紀の後半に書かれたと推定されている『エリュトゥラー海案内記』のお話だ。

作者不詳であるが、ローマ帝国領エジプト（アレキサンドリア）在住のギリシャ人の商人の記録である。9〜10世紀にハイデルベルグ大学図書館が写本したものと、14〜15世紀に大英博物館でそれを転写したものが残っているだけという貴重品だ。

「エリュトゥラー海」とは、現在のペルシャ湾・紅海・アラビア海の総称であり、ローマ・ペルシャ・アラブ・アフリカ・インドの間で大きな交易が行われていたことが、記録として残っている。
そこには、東インドの港で中国からの絹製品を船に載せて、ローマへ運んでいくという商売が大きくなっていることも書かれている。先に見た蜀の国が生産した絹織物が、第4のシルクロード—西南路を通り、ガンジス川—ベンガル湾—インドの東海岸—インドの西海岸へ回り積み替えて、インド洋を

横断し、紅海からアレキサンドリア─ローマへと運ばれて
いったことも分かる。

ということは、後漢が中国全土を支配し第1のシルクロー
ド・オアシス路を通じて絹織物などをローマへ送っていた時
代にも、その南西部にあった「蜀」の地方は独自にインド・
ローマと交易をしていた、それを漢帝国は知らなかった、と
いうことではなかろうか。国の支配と、交易を統括すること
は次元が異なるということを物語っている。

ちなみに、日本で言えば、江戸時代にも幕府の鎖国政策に反
して薩摩藩や長州藩が独自で海外と交易しているようなこと
が、「商売の世界」ではよく起こるということだ。今でも、欧
州では国が禁止している経済活動がGDPの10%を超える国
が多いという。麻薬、武器、臓器を含むアンダーグラウンド
の世界であろう。欧州で現金を使うことに大変厳しいのは、
この闇の金を少なくするためだ。

当時ローマ帝国は、スペインのラス・メドゥラスという金鉱
をカルタゴ戦争の結果手に入れた。ちょうどこの『案内記』
が書かれたころの74年に、ローマからスペインのラス・メ
ドゥラスへ派遣された統治官プリニウスの記録によると、こ
の金鉱だけで毎年2万ローマ・パウンドの金を産出していた
という。約6.6tにあたり、現在の金8000円/gで換算すると

528億円の価値であった。

このような膨大な価値を生む金鉱が、ローマが帝政を始めた紀元前1世紀半ば頃から3世紀初めまで、約250年間フルで稼働していたという。13兆円にもなる稼ぎだった。

これがローマ帝国の最盛期を支える一つの財政基盤となっていた。この金鉱の枯渇がローマ帝国の衰退のアクセルになったと言われるほどだった。

（スペインのラス・メドゥラスの「世界文化遺産」登録の記録から）


この金鉱山だけではない。

エジプト：エジプト文明を支えたナイル川中流地域のヌビアの金鉱山（現在もスーダンの貴重な輸出品となっているが、ヌビアはスーダンの金鉱という説がある）、紅海近くのエメラルド（古代のエメラルド産地で「クレオパトラ鉱山」と呼ばれる）。

ギリシャ：アテネの繁栄を支えた銀鉱山ラブリオ（紀元前5世紀〜紀元前1世紀）、膨大な銀貨が発行された。ギリシャがペルシャと戦い勝利した軍資金でもあった。

イギリス：ドロウコティ金鉱山（ウェールズ）、紀元前78年頃から3世紀にかけてローマの金鉱として稼働。

スペイン：リオ・ティント。現在、世界の鉱山開発の3大メジャーの一つとなった財閥「リオ・ティント」の発祥の地。金と銅が主力。名前の由来が文字通り「赤い河（リオ・ティ

ント）」で、スペインの古代の銅鉱山の場所である。ポルトガルとの国境近くにあり、フェニキア（紀元前10世紀頃からか）・ギリシャ・古代ローマを支えて、その後も18世紀まで稼働した。

スペイン：南海岸にタルテッソスという国が紀元前4世紀頃までスペインの南部にあったが、錫の大産地。錫は銅に混ぜて青銅器の原料となり、青銅器文化を支えた重要な金属だった。

スペイン：アルマデン。水銀鉱山でメインは15世紀以降だが、ローマ時代から水銀材料（辰砂）の供給をしていた記録がある。

（スペインのアルマデンの「世界文化遺産」登録の記録から）


その他にもトルコやドイツの鉱山など多く開発された。

その原動力は、鉱山探索と開発の技術力だ。

開発においては、川から「水道」を引き、その水力で山崩しをして、山ごと水に流して比重でより分ける。日本の踏鞴製鉄の砂鉄集めを、大々的に山ごと流して集めるというようなダイナミズムである。紀元前後には、こうした鉱山開発がされていたという。

16世紀になってよく似たシステムが佐渡の鉱山で稼働したようである。砂金山流しと呼ばれ、水力で山肌を崩して川へ流し込み、砂金を採取していたことが絵図でも残っている。

（「西三川砂金山稼場所図」佐渡市蔵他）

日本の鉱山では、公式には8世紀の前半になって初めて「坑道」を掘って銅を取った、という記録が残る。奈良の大仏に大量の銅を供給した、山口県の長登銅山だ。

しかし記録として文書では残されていない。平城京へ銅を送るための送り状のような木簡が多く出土したことで分かったものだ。

大仏だけでおよそ500tの銅を消費しているので、長登銅山だけではとてもまかなえたとは考えられない。全国各地で金・銀・銅などの鉱山開発が始まっており、各地の銅山で生産が始まっていたという伝承が多く残っている。しかし鉱山に関しての古代資料はほとんど見つかっていないのである。

福岡県香春銅山、兵庫県生野鉱山・多田鉱山・明延鉱山、岐阜県神岡鉱山や愛媛県伊予、奈良県吉野などで、主に神社の伝承が多い。


## モンスーン貿易（季節風貿易）

横道にそれたが、『エリュトゥラー海案内記』に戻ろう。

高校の教科書にも出ているが、旺文社『世界史事典』からの引用だ。

「約半年の周期で風向きが変わる季節風（モンスーン）を利用して行われた交易。歴史上では、1～2世紀ころの、地中海

〜紅海・ペルシャ湾〜南インド地域で展開された貿易活動を
さし、『パクス・ロマーナ』の経済基盤の一つとなった」

それ以前は、インド洋の船便は陸に沿って手漕ぎをしていた
と考えられている。これに対して季節風を利用することで帆
船を使ってインド洋を横断することができるようになったの
だ。これが、『エリュトゥラー海案内記』に書かれており、
モンスーン風を利用してインド洋を横断する海路が使われて
いたことが分かる。これによってローマとインドの航路が短
縮され、大きく拡大、発展したのである。

アレキサンドリアで陸送し、紅海の港へ運び、紅海を出てア
ラビア南岸まで約30日、そこからモンスーン風に乗ってイン
ド南西の港まで約40日を一気に走る。毎年7月に出航して9
月に到着。5000kmを超える70日の航海である。帰りは11
月〜3月がフォローの風の季節となる（参照『インド洋海域
世界の歴史』家島彦一　ちくま学芸文庫）。

平安時代（10世紀）の『土佐日記』を見ると、かなりの日数
を波の収まるのを待ったり、風待ちしたりで、土佐から京都
までの約350kmの旅に58日かかっていたことと比べて欲し
い。いかに造船や航海の技術力に差があったかが分かる。

ここでシルクロードのオアシス路との比較だ。

この案内記の中で書かれているのだが、オアシス路は「パルティアの支配地を通過せねばならなかった。ローマ、パルティア間の敵対関係は問題外としても、パルティア地方の商人の競争や諸所での課税、交通の困難などは『ギリシャ人』の進出を阻止すること大であったらしい」。

『後漢書』では、海路を使った交易の方が10倍利益が取れる、という記事があり、ローマ―アレキサンドリアを経由して積み替え―紅海を通りインド洋を横断し、インドの東岸を結ぶ航路が大きく伸びたのは必然であった。

ローマ―インド間の商売は、ギリシャ人とアラブ人、そしてインド人（タミル人が主体）の海運業者が担っていくことになる。

紀元前から既にインド―東南アジア―ベトナム・中国江南が開発されてきたが、それがローマまで繋がることで、大いなる大発展の引き金になったわけだ。

従来は、インドから大量の香料（胡椒、シナモン）、真珠、象牙、綿布が主力製品で、その他贅沢品になる香木（白檀、黒檀など）、宝石（サファイア、トルコ石、瑪瑙、瑠璃）や珊瑚、タイマイなど亀甲、染料、薬品、ガラス玉などを運んでいた。

インドは香料・真珠（スリランカとの間のマンナル湾）・香木・綿布・その染料・薬品など世界最大の産地であった。ま

た歴史的に玉造・ガラス玉工房・綿と麻の染色含む繊維工業も強かった。インドは、商売だけでなく、資源も鉱工業も強かったのだ。

もう一つ、第4のシルクロードの「西南路」である。

中国の「蜀」におけるシルクが、「西南路」によってこの商売に加わったのである。そのため、ローマで金が不足するほどの商いになったと言われている。中国のシルクは大変高価で価値のある高級品として西洋諸国を魅了したのだ。

多くの絹織物は、オアシス路ではなく、南海路で運ばれたことだろう。その意味からいえば、元祖のシルクロードは南海路であるといえるだろう。

2世紀のローマの収入の資料がある（人文学報517 - 9号「ローマ帝国におけるインド洋交易の位置づけ」ラウル・マクラフリン）。

ローマ帝国の各地からの税収入が、10億セステルティウス（以下「S」）弱に対して、輸入品にかかる1/4税（関税）の収入が、陸送のシリアからは0.9億S、海運のエジプトからは2.7億Sだという。収入全体の36％が輸入品の関税であり、その3/4にあたる27％が海からの収入である。陸送に対して海からの輸送が3倍あったことになる。

ちなみに、一日の農園労働者の日給が4Sだったというから、4S＝1万円と仮定すると、海運で入る輸入品は2兆7千億

円、その税金が6750億円になる。

1〜3世紀のサンガム文学の中に、インド西海岸の商業港都市ムージリスを歌った詩がある。「ペリーヤ川の流れに泡を立ててヤヴァナ（西の商人）の美しい船が金貨を積んで入港し、胡椒を積んで戻っていく。ムージリスの波止場は賑やかだった」
既にこの時代胡椒も、大きな商売に発展していたということになる。

こうして、海のシルクロード（南海路）が発展してきた。インドとローマの航路に、中国までの航路が繋がったのは紀元前からのことであった。

**古代中国の南海路**
殷（紀元前15世紀〜紀元前11世紀）の墓中から、南海産の「子安貝」が大量に出土している。全体では数万に達しているという。ベトナム方面の海から運ばれてきたと考えられる希少価値の高い貝だ。

実際には物々交換する品物の価値を測るメジャーとして、子安貝「XX朋」と表現されている記録が残っている。「朋」とは子安貝に穴をあけて紐を通して束にしていた、その1束を「1朋」と呼ぶ単位である。1朋＝10子安貝の時もあったよう

で、2朋だと20個、10朋だと100個ということになる。
貨幣として使うのではなく、価値を測る基準に使っていたという。

これが、時代が下がって行くにつれて、貨幣の存在となり始める。「貝」が貨幣として流通したことによって、「貨幣」「財物」「貯金」「購買」「販売」「贈与」「賠償」など、お金に関する漢字に、貝偏が多く使われている。

そして紀元前5世紀には、やはり南海の特産物として、「象牙」「犀角」「玳瑁（タイマイ）」「翡翠」「真珠」等が、運ばれてきていた。まさにインドが特産品として扱った商品が並ぶ。

雲南や四川にも子安貝が大量に入っているということは、南海の特産物を運ぶ南海路だけではなく、西南路も紀元前5世紀には開けていたと考えられる。

紀元前3世紀の終わりごろに、秦の始皇帝が越国の都市番禺（現在の広東省広州市）を占領し、3郡を設置したが、実態は南越国が独立していたのと変わりなかった。
それが、前漢の武帝が紀元前111年に番禺を占領し、北ベトナムの地域も拡大して9郡を設置した。漢人が多く入り、越人の中での海の人々等を使って南海路の交易へ参入を始めた。

『漢書』の「地理誌」に、初めて中国から東南アジアを経てインドへ至る航路の記録がある。片道の日数が、ほぼ1年になる大航海であった。途中の寄港する国の名前がいくつも書かれているが、比定できているところは多くない。定期的に航海していたのではなく、1年かけながら見聞を広めたのだろう。

マレー半島は、南の先端部まで海で行かずに、半島の途中の港に入り、東西海岸まで陸送した可能性が高いと見られている。半島の各地に港町や遺跡が残り、東西を陸送したことが分かる。
そして中国からは金と絹の布を運び、インドまで行って真珠や貴金属・宝石類を買ってくるという記事がある。
この南海路の交易の実権を握って運営していたのは、漢人ではなくインド商人および彼らと結びついたチャム人やモン・クメール人など東南アジアの商人だったという。

『後漢書』の「西南夷伝」では、永寧元年（120年）にローマからの使者がやって来た、と記されている。ただ実際のローマの使者ではなく、アレキサンドリアの商人という説が濃厚である。いずれにしても、南海のシルクロードがローマ帝国からの使者にまで及んだということで、それほど大きく発展していたことが分かる。

その記載には「大秦国（ローマ帝国）は……金銀をもって銭
となし、銀銭10は金銭1にあたる。安息（ペルシャ）・天竺
（インド）と海中に交易し、利は10倍あり。……桓帝の延喜
年に至り、大秦王安敦（ローマ皇帝マルクス・アウレリウス）
は使を遣わして日南の微外より象牙・犀角・鼈甲を献ず」と
ある。

これは、ローマ帝国のアレキサンドリアの商人が、ベトナム
の貢物をもって漢王朝に朝貢をしてまで、中国との交易を欲
していたという事実だという。ローマ帝国にとっては、漢の
絹織物が欲しくてたまらなかったのである。

**古代の海上交易の交易品の変遷**

インダス文明時代（紀元前2500〜紀元前1700）には、インド
西岸と紅海・ペルシャ湾との航路、インダス文明は鉱山経営
と宝石・貴金属加工産業のネットワーク、金・銀・銅・錫や
瑪瑙・ラピスラズリ・紅玉髄・凍石など40にも上る材料を
使っての産業を築いていた。

その後、レバノン人・ユダヤ人・クレタ人・フェニキア人・
カルタゴ人・ギリシャ人などが入れ替わりながら、地中海と
紅海・インド洋の海上貿易を担ってきた。

そしてこの1世紀「エリュトゥラー海案内記」によると、交

易の品は次のようなものであった。

## インドから

（インドの物品に加えて、中国・チベット・東南アジア等から
集めてアラブ・ペルシャ・ローマ帝国へ送る物品）

貴金属：金・銀・銅・錫・鉛（以上多くは東南アジア）・鉄
（インド）

宝石：水晶・瑪瑙・紅玉髄・白大理石・トパズ・サファイア・
ラピスラズリ・トルコ石（ミャンマー・インド・アフガニス
タンなど）

装飾品：真珠（スリランカ）・サンゴ・鼈甲（インド洋の島、
マレー半島）・犀角・象牙・貝製品・腕輪・足輪・首飾り

香料：胡椒・長胡椒・肉桂（シナモン：スリランカ）・その他
多様な香料

食品：胡麻油・椰子油・牛酪（インド：牛乳を煮詰めて作ら
れる濃縮バターの「ギー」か？）

木材：白檀（インド）・黒檀（インド）・チーク材

繊維：綿（インド）・シルク（中国）・麻の織物・布・糸・紫
染め繊維・外套・毛布（中国からとなっているのでチベット
か？）・インディゴ（藍の染料：インド）

薬草：多種類

（注：産地は推測できるもののみ記載）

## ローマから

金貨・銀貨・銀製品・銅製品・ガラス製品・オリーブオイル・
ワインなどだ。

南インド地域及びスリランカからは、多くのローマ金貨が出
土している。ベトナム南部のオケオからもローマ金貨が複数
出土している。


初めに 1〜2 世紀を中心にした、東西の交易を見てきた。

海の交易ルートが、高校の教科書で習う以上に古代から発展
してきていたことを、肌で感じていただいたと思う。

日本の弥生時代のイメージとは大きなギャップがあるほど
の、世界の経済は交易を通じての繁栄があった。


船で言えば、50kg のワイン壺を 1000 個、500t 積載したロー
マ帝国に対して、朝鮮半島と日本の往来は主体はまだ丸木舟
であった。


金・銀・銅・水銀・錫などの鉱山資源が広く開発され、貨幣
経済も発展していた。金貨・銀貨・銅貨が流通し、国境を越
えて標準化された貨幣が市場で認められていた。ローマや中
国、中近東、インドだけでなく、その当時既に東南アジアま
でも貨幣経済が発達していたのだ。

日本で銅貨が発行されたのは、これより 500 年ほど遅れて 7
世紀であった。活発な貨幣経済の繁栄までは、16 世紀の戦国

時代から江戸時代にかけてまで待たねばならない。その時代、日本は金銀銅の鉱山開発で、世界交易の主役にまでのし上がったのだ。

世界交易の中心は、ぜいたく品だった。
宝石・貴金属・真珠・玳瑁・象牙・ガラス製品などや、絹織物・綿織物・麻織物などの衣類、それらは染色を施されてカラフルなデザインで精密に織られていた。
東南アジア、南アジア・アラブ・アフリカなどの香料が運ばれた。支配者階級の食・衣や生活の豊かさと共に、宗教的な用途もかなり多くあった。

紀元前後の世界は、グローバルな交易が大きな渦のように始まって動いていたのである。

**日本の古代史におけるグローバルな視点**
日本の古代史を見るうえで、グローバルな視点が必要な理由が少し分かっていただけたのではないかと思う。

文明は当然高いところから低いところへ流れる。
中国という偉大な隣国のみが日本の古代にとっての先生ではなかった。
世界中の文物や技術や学術や知識や、いわゆる「文化」が大きくダイナミックにネットワークで結ばれていた。それらが、

日本にとっては西からやってくる目新しい、新しい文明で
あったのだ。

それはオアシス路というシルクロードで来たものもあるには
あったが、多くは海路で来ていたのである。東南アジアを経
由して、中国の華南にまで到達していた。

華南やベトナムからだと対馬海流に乗れば、自然に長崎の五
島列島の西側へ流れつくともいう。そこからは、北九州や対
馬・韓国の南岸から日本海の山陰・北陸・東北までそれほど
遠くない。

ローマから華南の地まで旅をしている商人グループの存在
は、当然のように日本や韓国へやって来ていた。その痕跡が
多くある。それ以上に、日本海を通じて樺太や北東アジアの
地へも、商品を運んでいただろう。

弥生時代を代表する遺跡である北九州地域、島根・鳥取にま
たがる出雲から伯耆、京都府の丹後（以上は鉄や銅・ガラス
工房・玉造工房など）、福井の越前（鉄）、翡翠の産地糸魚川
周辺、玉造の佐渡島など当時の都市国家と言えるものは多く
は日本海の「港市」であったのだ。海南路における交易品が
主な産品であった。

日本海が表玄関で、中国―朝鮮半島と繋がっていたことは間
違いない。しかし、その幹線路はむしろシルクロードの南海
路と日本海のつながりだったのだ。

西の人々や南の人々がその交易を担って、中国そして日本海までもやって来ていた。ペルシャ人、アラブ人、ユダヤ人、そして東南アジアの人々などいろいろな国の人々が海の民となっていた。そして、その中核となって動いていた人々が、南インドの商人たち—とりわけタミルの人々であった。

---
第**2**章
---

# 東南アジア各国における「インド化」

## 間違って理解されてきた東南アジアの「インド化」

東南アジア諸国は、紀元前よりインドの影響を大きく受けていた。

「東南アジアのインド化」という言葉は、高校の教科書にも出てくる一般的に広く知られるようになった概念であるが、必ずしもその言っている内容が統一されてはいない。

インドの方が文明的には高度な段階に入っていたことから、いろいろなことが受け入れられている。共通項として言われているのは、

1　インドの世界観を含むヒンドゥー教や仏教の教え・法典・経典・神話・伝説と祭祀・偶像・寺院（建設）

2　文字のなかった東南アジアへサンスクリット語とパーリ語などのプラークリット（口語）を伝えた。東南アジアの文字の形成にも大きく寄与した。

3　政治＝王権のシステム

であろう。

しかし未だに仏教の伝播は、中近東ガンダーラからオアシス

## 東南アジアのインド化（港市と内陸は川沿いに）

### ビュー国（2世紀頃～9世紀）
①ハリン　②ベイタノー　③シュリークシェトラ

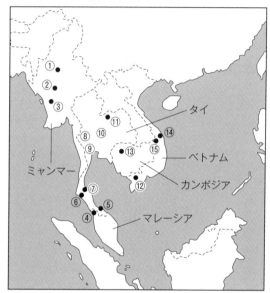

### マレーシア半島
④ケダ（マレーシア）（紀元前よりタミルの遺跡）
⑤ランカスタ（タイ　パタニ付近）（紀元前1世紀～）
⑥クアンルークパット（タイ・ガラス工場）
⑦タムポンタン（タイ・ガラス工場）

半島横断の河川交通網
7世紀にはシュリーヴィジャヤ国に統合される

### タイ：モン族の都市（6世紀～）
⑧カンチャナブリ
⑨ラチャブリ
⑩ロップブリ

### タイ古代遺跡
⑪バーンチェン遺跡
　（紀元前5世紀ごろ～）

### ベトナム／カンボジア
⑫オケオ（扶南国の港市）
　1世紀～7世紀扶南国
　ローマの金貨、ヒンドゥ
　ー教の神像、インド製仏
　像、漢の銅鏡など出土
⑬アンコールワット
　（カンボジア）
　ヒンドゥー教の都市国家
　（クメール）9世紀

⑭ホイアン：
　林邑国時代からの
　港都市
⑮ミソン
　林邑国時代の仏教・
　ヒンドゥー教の聖地
　サンスクリット碑文
　とチャム語の碑文

路のシルクロードを通って中国・東アジア・日本へは大乗仏教が、東南アジアへはスリランカを経由して上座部仏教（小乗仏教）が伝播したと書かれている。この数十年間の東南アジアでの考古学的な仏教遺跡の発見が、ほとんど反映されていないままの間違った認識が通用しているのだ。

### ミャンマー（旧ビルマ）

2014年、ミャンマーで初めての世界遺産登録があった。「ピュー古代都市群」だ。

ヒマラヤ山脈の東南を水源とし、ミャンマーを北から南へ縦断しアンダマン海へ流れるエーヤワディー川沿いに発展した「ピュー国」の都市国家遺跡群である。

チベット高原から紀元前200年頃に降りてきて定住し始め、9世紀頃まで栄えた都市国家群である。文献では3世紀の中国の歴史書『西南異方志』に「驃国」（ピュー国）として出てくるのが初見である。ある高校の教科書では、未だに8世紀の誕生になっている。

ピュー族とは、ミャンマーの国土の中央を縦に流れるエーヤワディー川流域の広範囲にかつて居住していた民族だ。9世紀に中国雲南地方の「南詔国」に破壊を受け、その後ビルマ族に征服された。

エーヤワディー川中流域では、古代の7つの都市遺跡が発見

され、その中でハリン、ベイタノー、シュリークシェトラの3都市が世界遺産に登録された。レンガ造りの城壁に囲まれた都市であり、宮殿跡や仏塔、埋葬地跡などが見つかっている。

川下にも同じ特色を持った都市国家の遺跡が多く発見されている。

これらの遺跡には、インド東南部のアーンドラ地方やスリランカのアヌーダプラの建築様式との特徴や共通点が見られることから、古くからピューとインドやスリランカの間には文化的交流があったと考えられている。インドの陸続きであり、しかも中国雲南省とは西南のシルクロードで繋がっていた。ミャンマーはその交通路でもあったわけである。

レンガの壁が作られて、特色あるのが一連の灌漑システムである。灌漑システムは、インドのデカン高原の灌漑システムやスリランカの灌漑システムの影響も考えられる。インドの灌漑システムは紀元前から進んでいたのである。

また仏教もスリランカに次いで、紀元前後には伝わっており、今後考古学的な研究が進んでくることが望まれる。

また、後にパガン王朝を建国したビルマ族も仏教徒だったため、ピュー族が建てた寺院などの建造物は破壊されずにそのまま残された。ピュー族の建てた寺院が仏教寺院だったからだ。仏塔がいくつも建てられているのが幸いにも残された。

観音菩薩や弥勒菩薩なども出土しており、大乗仏教であった
が、一部でヒンドゥー教のシバ神なども出土している。

上座部に変わったのは、パガン王朝の12世紀になってからで
ある。


2世紀頃には仏像が出来るのだが、その前に偶像として使われ
た仏足石（石にブッダの足型を彫ったもの）が各地から出
土している。これは、マレーシア半島・タイにも共通するも
のだ。仏像が出来る前から、仏教の伝播があったということ
になる。


ピュー国からは、1〜2世紀頃から銀貨が出土しており、銀の
鉱山が稼働していたと見られている。東南アジア全域で同じ
ような文様で重さも統一されている銀貨が出ている。すでに
貨幣経済が東南アジア全体で、国を超えて始まっていたとも
いえる。ハリンの都市ではこの銀貨を鋳造していた。

プトレマイオスの古代世界地図にも、ミャンマーの沿岸地帯
が「銀の海岸」と呼ばれていた。


ミャンマーは世界的に圧倒的なルビーのシェアーを持ち、サ
ファイア・琥珀・翡翠などの宝石の大産地でもある。仏教の
荘厳を飾るのに、宝石が大きな意味を持っていたこととも関
係しているかもしれない。インドからのローマへの輸出品に
それらの宝石が記載されている。いくつかはミャンマー産で

あったと考えられている。

また、綿織物やガラス製品などを輸出していたが、その生産技術はインドから伝えられたものと考えられている。

宗教以外にも政治思想、天文学や科学などの専門的な知識、文字もインドから取り入れており、現在ミャンマーで使用されているビルマ暦もピュー王国時代に使用されるようになった暦法が起源となっている。

**マレーシア半島・タイ**
マレーシア半島は、古代のインド文献や『エリュトゥラー海案内記』にも「スヴァルナブーミ（黄金の土地）」と呼ばれ、紀元前から金・錫・鉄の鉱山が稼働していた。

そしてシルクロードの南海路として、マレー半島をシンガポールの先まで迂回する航路ではなく、途中の細くなったところを陸送して運ぶルートがいくつか開発されていた。
今のケダー〜ランカスカのルートなど複数の経路が見つかっている。
マレー半島を迂回することで、南ベトナムの扶南国（後述）への輸送が大きく短縮されるのだ。季節による風向きにも影響されずに横断できることも大きい。

マレー半島を含むタイ全域にガラス工場が展開されており、これもインド製法が伝えられている。

古く紀元前後の遺跡として、クアン・ルークパット（クラビー県）、タムポンタン（スラータニー県）でのインドビーズの製作址が知られている（「東南アジア―歴史と文化」1993年 No.22　東南アジア学会）。

インド系のビーズ、その原料やガラス滓に加えて、ローマからの金貨、サンスクリット語の印章、ベトナムドンソン文化の銅鼓などが出土しており、ローマ・インドからベトナムまでの紀元前後の遺物が出土している。

マレー半島の東海岸には、他にも同じようなガラスの製造が確認できる遺跡がバーンドーン湾岸を中心に点在している。

また、中西部には錫の産地が集中し、インド風の絵画文様が線刻された青銅器が多数出土している。

このようなインドによる古代都市の遺跡に関しては、タイの歴史では語られていないようで、日本の教科書にも書かれていない。日本語での検証がなかなか難しいものがあったが、遺跡などの確認は、もっぱら『事典東南アジア　風土・生態・環境』（京都大学東南アジア研究センター編　弘文堂）によった。

その周辺から、紀元前から稼働していた製鉄遺跡が見つかり、また仏足石も見つかっている。

特に、東海岸側には最も古い素朴な仏足石が多数見つかっている。西側からは見つかっていないが、5世紀頃から急激に仏像が増える。

大陸部でも仏足石が多数見つかっており、カンチャナブリ、ラチャブリ、クラブリ、ロップリなど「ブリ」の付く地名が「モン族」の街である。インドとモン族が共同して開発したのだろう。教科書では7世紀にモン族のドヴァラヴァティ王国（堕羅鉢底）が建設されているが、美術史研究からは6世紀から始まるとされている。

遺跡から考えると、ドヴァラヴァティ王国が出来るもっと早くから、インド商人・僧侶とモン族の活動が始まっていたと言える。

そのドヴァラヴァティ王国という国名は、インドの神話から来ているサンスクリット語であり、「港への玄関口」という意味であるという。まさに貿易商社としての機能をインドが持ち込んでいたということになろう。

中国の歴史書では、『陳書』の583年の記事に出る「頭和国」が初見だという。当時、既にチャオプラヤー川の流域の海運の良い所に直径が1〜2kmの楕円形の環濠都市を築いていたことが、遺跡から確認できている。

ドヴァラヴァティ王国の仏教は、独自性のある仏教美術を展

開しており、大乗仏教にヒンドゥー教が混じり、さらにスマトラ島の様式もみられるという。

いわゆる南伝仏教は小乗仏教（上座部仏教）という誤った見解が、未だにどこを見てもよく出てくる。ドヴァラヴァティ王国も、何の検証もなく上座部仏教である旨を明記しているものもあったが、何の根拠もないのである。

現在のタイ＝上座部という形式があてはめられてのことであるが、それはスコタイ王朝の12世紀に上座部に統一されて以降のことである。

上座部の本場スリランカでも、12世紀になるまで上座部仏教は常に主流だったとはいえ、小乗仏教や時には密教も含めて派閥を競っていたという。完全に上座部仏教が国家仏教となったのは、12世紀になってのことである。

ついでに、後述するベトナムのチャンパ王国は、初期にはヒンドゥー教と大乗仏教が併存し、大乗仏教へ統一されていく。

カンボジアのアンコールワットは、ヒンドゥー教である。14世紀になって上座部仏教へ変わる。

インドネシアのボロブドゥール遺跡は、完全な大乗仏教であり東大寺と同じ華厳経だ。

今の教科書は、仏教の北伝＝大乗仏教、南伝＝上座部仏教の

ステレオタイプのまま継続している。完全に間違った固定観念が先行してしまったようだ。

参考であるが、タイの独自性という意味では、北東部で発見されたバーンチエン遺跡が、1992年にユネスコの世界遺産に登録されている。紀元前5世紀頃から始まった文明であるが、民族が不詳である。遺跡には、ベンガラを使って独特な文様を描いた土器が多く発掘されたほか、青銅器と鉄器が同時代に使用されており、またインド発祥のガラスビーズの飾りも発見されている。また稲作、豚の家畜化が始まっていた。ベンガラやガラスビーズはインドの特産物であり、インドの影響下にあった可能性は高い。

**カンボジア・南ベトナム**
1世紀には「扶南国」が設立された。ベトナムの最南端からカンボジアにかけての地域である。

インドからマレーシア半島の西海岸を経由して東海岸へ陸送された荷物は、ベトナム南部の港町、扶南国の「オケオ」港へと運ばれた。オケオでは、ローマの金貨、インドの仏像が出土するほか、ほぼミャンマーの銀貨と同じ基準（デザイン・重さなど）の銀貨が数万単位で見つかっており、当時すでに東南アジアで標準化した仕様の銀貨が鋳造されていたことを物語っている。

また郊外にはインドのガラス製法で作られていたインドビーズの工房や多くのガラス製品が出土している。

オケオ港が外洋にアクセスする港で、そこを起点としてメコンで内陸と繋がっていた。扶南の王族は「月族」と呼ばれて海運を支配していたが、内陸における陸の物流は「真臘<ruby>しんろう</ruby>」というカンボジアの勢力（クメール族）が「日族」となって支配する関係を構築していた。海の海運を行う役割と内陸へ交易品を配送したり、逆に内陸から交易品を集めてきたりする役割を民族で分けていたということである。
海の人と陸の人＝海彦・「月族」・海運と山彦・「日族」・陸運を想像してしまう。

インド商人の下でサンスクリット語を学び、大乗仏教を信仰していた。
またインド商人の仲間意識が強く、王様を決めることまで合議制を取り入れていたらしい。
合議制を取り入れるというのは、古代の海の人の性格かもしれない。それは同じ命を預けた一隻の船に運命共同体で乗り込む仲間ということなのだと、北欧バイキングの話で聞いた。

7世紀まで継続し、その後、盤盤国というマレーシア拠点の

国へ引き継がれ、またカンボジアのアンコールワットのヒンドゥー王国へ繋がって行くことになる。

三国時代になると243年に呉に初めて朝貢を行い、その後も西晋（265〜287年）に4回朝貢し、東晋時代には357年王竺栴檀というインド人の王が朝貢しているが、2回で終わった。盤盤国というグループ会社のような関係の国が勢力を伸ばして7回朝貢している。そして南朝の梁・陳の時代になって、503年から588年の間に14回の朝貢と最盛期を迎えていたようだ。

『日本書紀』によれば、この時期（541年）に、百済国の聖明王から欽明天皇へ「扶南の財物と奴二人を奉った」という記事があり、百済が扶南と交易をしていた可能性を示している。

メコン川で見つかった唐の時代の木造船が、30mもの長さで、17mもの帆を張り、船腹は二重構造で、相当の物流量があったと考えられている。ほぼ日本の江戸時代の米を大阪へ運んでいた北前船（千石船＝150t積載する）と同じくらいの大きさだった。それが、この時代にメコン川を往来していたのだ。それから想像すると、重量物とりわけ米や塩の輸送も多くあったのだろう。人口も増えていたと思われる。

## 扶南の建国伝説

メコン川の下流域に紀元1世紀に建国された扶南国の伝説
だ。

インドのベンガル地方から渡来したクンディナ（混塡）とク
メール族の女酋長柳葉とが結婚してこの国を開いたという。
その経緯が『太平御覧』や『晋書』『梁書』などに出ている。

要旨は、「扶南は柳葉という女性の王がいた。混塡というイ
ンド人バラモンが商人の船に乗って扶南まで来た。柳葉はこ
れを追い返そうとしたが、逆に混塡は神弓で女王の船を貫く
ほど射返した。柳葉が降参して、混塡が柳葉を妻とした。7
人の子供が出来て、7つの村に分けた」という伝承である。
扶南王国の誕生は、インドの王と扶南の女王との結婚から始
まったという伝承だ。

## 林邑国

少し遅れたが、ベトナムの中部でも2世紀末にはインドの影
響下での王国が生まれている。
17世紀まで1500年近くにわたり続くチャンパ王国である。
ただし8世紀までは漢字表記の「林邑国」であり、チャンパ
王国が使われたのは6世紀末〜7世紀初めの「サンブヴァル
マン王」の碑文からという。チャンパの漢字表記では、「占
波」または「占婆」である。

多くの石碑を残している。

5世紀〜774年に20基の石碑が残る。1基を除いて、全てがサンスクリット語で書かれている。中部のダナンへ流れるトゥーボン川の流域を中心として、旧都ホイアンやヒンドゥー教と仏教の聖地ミソンに多い。林邑国の中心であった。

その旧都ホイアンからは、九州の西北部中心に弥生時代に埋葬に使われたものと同類の「甕棺」が多数出土し、その中にインド製の貴石やガラス玉が出土している。紀元前3世紀頃と推定されている。林邑国が出来るかなり前から、インドから商人たちがベトナムまで来ていたのである。インド影響下の国を創るまでに、数百年の交流・交易の歴史があったことになる。

中国への交易品であった、香料（胡椒・シナモンなど）、真珠・玳瑁・宝石・サンゴ・ガラス玉などの宝飾品、そして薬品や染料などを運送する船舶の、港市として長らく機能していたのであろう。

林邑国の朝貢の記録が多く残されているが、3世紀初めに三国時代の「呉国」が初回で、以降572年の陳時代まで、約350年間に全て中国南朝の記録に50回を下らないほど出てくるのである。

ベトナムの「林邑国」、インド人の王の時代も含めてインド

の影響下の国と中国「南朝」がいかに親しく交易を行っていたかが分かるのである。

隋の時代は飛ばして、唐の時代に入ると、623 年から 750 年まで 35 回の朝貢を行ったという記事が書かれているが、750 年を最後にして突然途絶えたという。唐自体の国力の衰退が顕著になった時期であるが、理由は不明である。

774 年以降は、次第に碑文が南の方へも広がっていき、扶南国の衰退を領域の広がりでカバーしていったのだろうか。そしてチャム語主体の碑文に変わっていく。内部で政権が交代した時期とも重なっている。

774〜965 年、33 基の碑文のうち 21 基がチャム語。

991〜1456 年、75 基の碑文のうち 70 基がチャム語である。

チャム語は、オーストロネシア語族で、ベトナム語・クメール語と同じ語族ではあるが、類似性が低く、言葉としてはマレー語の方に近いという。現在の話者は、ベトナムとカンボジアで 32 万人と極めて少ない。

チャム文字は、南インドのパッラヴァ・グランタ文字の系統で、インド・ブラーフミー文字からの派生である。文字としては、ベトナム・カンボジア・インドネシア・マレーなどもその系統となっている。

話し言葉は、それぞれ民族によって異なるが、東南アジアの

文字の多くがインド・ブラーフミー文字から生まれたと言える。

高校の教科書では、東南アジアの「インド化」というが、それは一概にインド化があったのではなく、交易を通じた関係から、血縁関係を含んだり、文字の借用を進めたり、宗教の伝播があるなど、地域に根差したそれぞれの形があったと考えられる。

このチャム族が、航海術にも交易にも長けていて、南海路のベトナム中部を抑えていたと考えられている。『旧唐書』によると、「その住民は色黒で髪は巻き上げており、『崑崙』と呼ばれている」という。『日本書紀』にも、何度か飛鳥時代7世紀に「崑崙人」がやって来た記事が書かれている。間違いなく崑崙山脈のことではなく、このチャム族を指していると考える。

それは、799年、愛知県西尾市に流れ着き、綿の種を持参したインド人を祀る天竹神社の神の名前「新波陀神」が「これは綿だ（Ni Pah）」というチャム語からだという。そのインド人は、初め「崑崙人」だと言っており（Wikipediaより）、崑崙＝チャムの証拠であると思う。

この「林邑国」は、奈良時代に東大寺の大仏の開眼式のセレ

モニーで大きな役割をした。南インドから「林邑国」へ来ていた「仏哲」という僧を招聘し、開眼式の舞踊を披露したのだ。「林邑舞」である。インドの伎楽を継承したものであった。

最後になるが、北ベトナムについては、従来中国からの仏教伝来という図式であったが、ベトナムへの仏教伝来の初伝は、ハノイの北30kmほどにあるルイラウ城のザウ寺で、インド僧が住み着いたとのこと。
あくまでも伝承に過ぎない。

(扶南と林邑国のデータは、多く『扶南・真臘・チャンパの歴史』鈴木峻　めこん、より使用した)

### インドネシア諸島
これと比較して、インドネシアでは初期段階にはインド化の遺跡の痕跡はほとんど皆無に近い出土状況であり、インドシナ半島が紀元前からインド化が始まっていたのに対して、かなり遅く4〜5世紀頃から始まったものと考えられている。

インドネシアにおいては、8世紀に造られたボロブドゥール遺跡がインド化の画期であった。その回廊には「華厳経入法界品」に書かれている善財童子の菩薩への悟りの物語が、絵巻物のように描かれている。

華厳経は日本では東大寺が大本山であり、もちろん大乗仏教だ。ボロブドゥール遺跡は、インドネシアへも大乗仏教が伝達されたという大きなしるしなのだ。

## 東南アジア「インド化」の時代

東南アジアは、いわゆる「インド化」という歴史の流れの中で、発展してきたと言える。

それは、多くの場合紀元前から始まっており、港市が出来、各地に物流拠点が生まれ、鉱山開発が促され、インドビーズのガラス玉の製造が始まり、大きなグローバルな貿易ルートが出来ていく、まさに国土開発の歴史だと感じる。それと相まって、宗教の伝播が仏教とりわけ大乗仏教を中心にして広がった。

間違ってはならないことは、それは決して植民地化ではなかったし、またインドが完全に支配勢力になった、というわけでもない。

国によっては王権の係わり方も違うし、また情報が少ない中で結論は出せないが、「インド的文化圏」を共に歩んで「融合」する関係を構築したのではないだろうか。

そして、これも国によって異なるが、4〜5世紀に限定されているわけでなく、紀元前5世紀頃から10世紀にかかるまで続いたのである。1500年に及ぶ歴史だ。あるいは中部ベトナム

のチャンパ王国のように 17 世紀まで、それが継続してきたところもある。

宗教的には、カンボジアのアンコールワットのようにヒンドゥー教の影響も見せてはいるが、メインはあくまで「仏教」である。少なくとも、紀元前後の最初の段階から 10 世紀前後まで、インドがシルクロードの南海路を制していた時代は、大乗仏教が東南アジアでメインとなっていた。

ボロブドゥール遺跡では、東大寺と同じ「華厳経」をベースにした「華厳経入法界品」の善財童子も物語が描かれている。

空想かもしれないが、東大寺の大仏造営に係わった行基や実忠などがボロブドゥールのプロジェクトとアイデアを交換した可能性もあるのだ。

行基の造った堺市の大野寺土塔や実忠が造ったと言われている奈良市の頭塔（インドの説話集『ジャカータの説話』が描かれている）が、規模は大きく違えども、同じような石積基壇遺構であり、壇の通路を右向きに物語を追いかけていくことができる、という基本的なアイデアが共通するのだ。

タイミング的にも、ボロブドゥールが 780 年頃の建設スタートに対して、大野寺は 727 年スタート、奈良の頭塔は 765 年頃（推定）であり、ボロブドゥールの試作品が、日本で作られたという可能性がないだろうか。

であれば、インドとの交流が継続してあったとも考えられるのだ。

インド系の文化の要素のうち、東南アジアの国々で出土した遺跡をから見てみると、共通する特色がある。

1　インド・ガラスビーズが、東南アジア全域から出土する
2　酸によって表面加工した紅玉髄と瑪瑙のビーズ玉
3　琥珀によるライオン・亀などのビーズ
4　インド風婦人や瘤牛などの絵画装飾が施された青銅器の椀（錫の比率が高い）

これらは、紀元前3世紀頃から始まっており、中国の広州へも紀元前1世紀から始まっている。この時期、インドの商人たちが、インドから東南アジアの諸国を通過し、東シナ海まで交易活動を大きく展開していたことが見えてくるのである。

インドは東南アジアと紀元前から交易と鉱工業で繋がっていた！
それに続いて、宗教や王政や、文字なども含むインド的な文化がついてきた。
そして経済活動が盛んになり、東南アジア全体に貨幣経済がインドのリーダーシップの下で広がっていく。東南アジア諸国は、日本よりも経済の発展では先進国であった。そして中

国の華南の地とも南海路だけでなく西南路も使って、商売や
仏教、文化を含めた交流が見える。

まさに中国の雲南・蜀から華南まで影響しながら「インドシ
ナ」的経済圏が確立していたのではないだろうか。文字通り
「インド」と「シナ（中国の雲南・蜀・華南地方）」とが融合
するようなネットワーク地域社会が生まれていたのではない
だろうか。

# 第3章
## ガラス

### インド・パシフィックビーズ

最初に、古代日本のガラスの状況を分かり易く書かれている、奈良文化財研究所「なぶんけんブログ」より引用する。

「みなさんは、弥生時代や古墳時代のお墓からたくさんのガラス小玉が見つかっていることをご存知でしょうか。驚くことに、これまでの発掘調査で実に60万点をこえるガラス小玉が出土しています。

日本でガラス小玉が初めて出現するのは紀元前3世紀頃の北部九州です。この時流入したガラス小玉は、直径が6mmを超えないような単色（モノトーン）の小玉で、気泡が孔と平行方向に並んでいるのが特徴です。加熱したガラスを引き伸ばしてガラス管を製作し、それを分割したものを再度加熱することで、丸みを帯びたガラス小玉を作っています。

さらに、これまでの考古学的な調査から、共通の特徴を持つガラス小玉が、日本列島のみならず、西はアフリカ大陸東岸部からインド南部を経て東南アジア各地に至るまでの沿岸地域に広く分布することが明らかになっています。これらはインド・パシフィックビーズ（Indo-Pacific Beads）とよばれ、

インド～東南アジア各地で生産され、海のシルクロードと呼ばれる海上交易によって、北アフリカから東アジアに至る広範囲の地域に運ばれたと考えられています。日本の弥生時代や古墳時代のお墓から見つかるガラス小玉も、ほとんどがこのインド・パシフィックビーズです。二千年以上も前からインドや東南アジアなどの南方起源の交易品が日本列島に到達していたなんて、驚きですね！」

インド・パシフィックビーズと呼ばれているのは、インドの東南部の海港都市アリカメドゥ（現在タミル・ナドゥー州）近くで、古代のガラス工場遺跡が多く発見されており、紀元前500年～紀元前300年に多く生産していた遺跡が発掘されている。

その後、アラブ、東アフリカ海岸、東南アジア、中国、朝鮮半島、日本にまでインドガラスは広がった。カリガラスで6mm以下の小粒のビーズ（首飾り、腕輪など）が中心で、比較的大量生産型の小さな「ビーズ玉」と呼ばれる製品である。

既に紀元前500年～300年頃には、シルクロードの南海路を通じてインドガラスを各地へ運んでいたのだ。


## 東南アジアでの現地生産化

それが広がっていく中で、東南アジアすなわちタイ、マレー

## 中国へは雲南へ伝播され、東へ広がった

成都●

大理 昆明
●

広州
●

西南路
（ミャンマー・インドへ）

中国へ、インドビーズが
紀元前4世紀頃に流入し
ている。四川、貴州、雲
南中心に出土。

南海路へ

紀元前3〜2世紀には、
中国の原料を使って広西
チワン族自治区、広東省
へ拡大をみせている。

シア、カンボジア、ベトナムへ紀元前3世紀頃から1世紀頃
にかけてガラスの生産技術が移転されていき、現地での生産
体制を確立していった。インドネシアへは遅れて、4〜5世紀
になってからになる。

中国にも中国の戦国時代の紀元前4世紀頃にはインドのカリ

ガラスが流入し、貴州省、四川省、雲南省など南西部中心に出土している。これから言えることは、中国へは最初にシルクロードの西南路を通って運ばれたのだろう。

これが前漢時代、紀元前３〜２世紀に入ると、中国広東省、広西省を中心に鉛バリウムを含む中国独自のガラス材料に変更されていくことになる。中国で、現地独自に開発された材料によって生産が始まったことを物語っている。

いずれにしても、インドで確立されたガラスの製法が、東南アジアや中国南部へ伝播されていったのだ。


## 日本への生産移転

日本では、弥生時代の墓陵からも、多くのインドビーズの副葬品が見つかっており、インドや東南アジアから交易で持ち込まれたものだと考えられている。

そして北九州地域、吉備国（岡山市百間川遺跡）、丹後国などで、紀元前からガラス生産が始まっていたと考えられる遺物が発見されている。しかし教科書的な学説では「現地生産に関する証拠は見つかっていない」とされている。

冒頭に引用した、奈良文化財研究所の「なぶんけんブログ」でさえ、日本の国内での生産は古墳時代に入ってからで、弥生時代はインドや東南アジアからの交易品が入って来たとしている。

しかし発見されている弥生時代の遺物からは、ガラスの製造方法が日本にも伝わっていた、と見られるのである。その事例を見てみよう。

（参考１）弥生時代のガラス工房　須玖五反田遺跡
　　　　　　（福岡県春日市）

「ガラス製品には勾玉や管玉・小玉があり、その生産は、青銅器の生産にやや遅れて（弥生時代の）後期に始まります。初期のガラス製品の鋳型などは、青銅器の鋳型などと（一緒に）出土することが多く、はじめは青銅器の鋳造術に習熟した工人たちが、集落内の青銅器工房の一角で（ガラスも）生産していたものと思われます。

ところが、有力者たちを飾るアクセサリーの需要が増してくると次第に生産規模を拡大し、青銅器とガラス製品の生産工房が取り扱う素材によって専業的に分離され、工房群は溝で区画されて配置されていました。

須玖五反田遺跡のガラス工房は、竪穴住居の壁面からトンネル状の細い溝が別の土壙（どこう）まで伸びており、その周辺からは真土（ま）製と石製の鋳型や勾玉の未製品・ガラス屑・溶けたガラスの付いた坩堝（るつぼ）・玉砥石などが集中して出土しています」

（福岡市立博物館ホームページ・アーカイブズ「弥生のテクノポリス」平成12年10月31日（火）〜12月27日（水）の

企画展示）

（参考 2）百間川今谷遺跡（吉備：岡山市）

「Map2003：弥生中期・後期・古墳前期を中心とする集落遺跡。弥生中期―掘立柱建物多数／弥生中期中葉―井戸＋土坑＋溝（総重量 2200g のガラス滓出土）」（奈良文化財研究所の「遺跡ウォーカーβ」遺物概要）

さらに焼土、灰、炭、多数のガラス玉なども出土している。

ガラス滓とは、ガラス生産工程で出来た製品としての出来損ないである。それが 2.2kg も出土していることは、生産工程があったとしか説明ができない。

さらに百間川遺跡全体では、何らかのガラス生産の遺構と思えるガラス状遺物を出土した土壙が、弥生前期 1 遺構、中期 18 遺構、後期 5 遺構も見つかっている。ガラスの大工房があったと考えられる。

（参考 3）大風呂南一号墓（京都府与謝郡与謝野町）

「ガラス製の勾玉 10 点、管玉 272 点（ガラス製の首飾りと考えられる。ひもで結ぶと 256cm）。近くの初期の墳墓群　三坂神社墳墓群の 35 基の木棺墓から、ガラス勾玉、水晶勾玉、ガラス管玉、緑色凝灰岩製管玉、ガラス小玉など合計 3070

点。大宮売神社遺跡、今市墳墓群と3つ合わせると110基の墳墓。ガラス製の勾玉7点、管玉21点、小玉　合計6911点」

（『北近畿の弥生王墓　大風呂南墳墓』肥後弘幸　新泉社）

ガラス玉の数の多さと時期と共に増えてきていることから、現地生産が始まった可能性が指摘され、当地にある玉造工房と同じ左右から鉄のドリルで穴を開ける工程が行われていたので、ガラス管玉も当地生産の可能性が高いことを示唆しているとしている。

以上の3つの遺跡からだけでも、弥生時代にガラスの国内生産が始まっていた、と考えてよいと思う。地元の博物館のホームページが主張している通りだろう。
インドで開発されたガラスビーズを作る技術が、東南アジアへ展開され、それが日本の国内の海沿いの遺跡にも同じように展開された。そう考えるのが妥当だろう。

## ガラスの国内原料

日本にはインドガラスの流れが大きく、生産に関しても弥生時代中期ごろから国内生産が始まっていたと考えて間違いないだろう。しかし、通説では原料は国内で確保できなかったはずである、とされている。

ガラスの原料は、最も多く自然に存在するシリカ（二酸化珪素あるいは石英）である。初期のガラス産地と言われている北九州や丹後には、大変良質の砂浜がすぐ近くにある。糸島市の姉子の浜や丹後網野町の琴引浜である。ガラス材として優れた砂がすぐ近くにあったことになる。

還元のため（ガラスを溶かす温度を下げるため）の灰には、海洋性の塩生植物を使う。ナトリウムが多く含まれているので、還元剤として優れものなのだ。

ある技術者 t-tom 氏のブログで、有明海、北九州の「シチメンソウ」、岡山や瀬戸内海の「サンゴ草（アッケシ草）」を使ったのだろうと推測されている。

その他にも、アオイ科の「ハマボウ」も「半マングローブ植物」と呼ばれる塩生植物であり、還元剤の候補であろう。福岡県糸島市、長崎県西海市、熊本県天草市の市の花となっており、南海路に繋がる地域である。ハマボウが還元剤として使われた可能性は十分に考えられるのだ。

そして専門家から指摘されている、日本では取れないコバルトを使ったブルー色のガラス玉が多いこと。これも同じガラスの専門家の意見であるが、長登鉱山、金ケ峠鉱山などの銅鉱山で取れる「コバルト華」と呼ばれるピンクの岩石を使えば、コバルトブルーが得られるという。ピンクの水酸化コバ

ルトが塩化ナトリウムと反応して、塩化コバルトになるとブルーに変わるというわけだ。

コバルト華は日本各地に存在する原料で、多くは銅と共にあり、現在27か所の鉱山がリストに上がっている。山口県に4か所もあり、長崎県対馬市にも1つあって、輝きのある赤みのあるピンクなので、古代人には朱やベンガラなどの赤系鉱物は貴重だったことから、同じく大切にしていただろう。今でも鉱物採集者が探すほど露頭で見つけることができるそうである。見つけたらすぐに持ち帰ったに違いないし、周辺を探しただろう。

この綺麗な赤色をガラスに色付けしようとして、美しいコバルトブルーが出来たということではないか。

これで原料も全て揃うのである。
弥生時代に日本産原料とインド製法を使ってガラス生産を始めていた、という可能性は極めて高いといえる。

## 世界の古代ガラス

世界における古代ガラスの生産は、陶器に塗る釉が近しいものであり、紀元前3000年頃には不完全なガラスが見つかっている。製品としては紀元前2500年頃のメソポタミアの遺跡から見つかっているものが初見だという。

そこからエジプト、イラン、地中海、インドなどへ広がって

いき、紀元前16世紀頃にはガラス容器も作られるようになっていた。

そして紀元前1世紀に、現在も使われている吹きガラスという製法が開発されたことで、大量に作れるようになったことから価格も大きく下がって、一挙に広がっていった。

日本でガラス玉が出土し始めるのは弥生時代中期頃である。弥生時代だけでも5万点を超える（『ガラスが語る古代東アジア』小寺智津子　同成社）。驚くほど多くのガラス小玉が日本で流通していたことになる。

その頃ガラスの供給ができるのは世界で3つの地域であった。

1　ローマンガラス：ローマ帝国の輸出産業として興隆。

紀元前27年の帝政ローマのスタートから帝政ローマが東西へ分裂する395年まで、ローマのガラスは世界の各地へ輸出する外貨獲得製品であった。

中国、日本までも入って来たが、細工や技術から高級品であり、数量的には少数である。

2　ササンガラス：ササン朝ペルシャ（224年〜642年）で作られたガラス製品。

表面加工の技術が特色で、カット装飾を施したものが有名である。

仏教が広がってからは、瑠璃色や白瑠璃のガラス容器が人気

になった。

3　インドガラス（インド・パシフィックビーズ）：小玉のガラス玉。

首飾り、腕輪、足輪、耳飾りなどに使われた。

紀元前5世紀にインドで生産開始。

紀元前3世紀頃にタイで生産開始。

その後1世紀までの間に、ミャンマー（ピュー国）、マレー半島、ベトナム南部（扶南国）で生産開始。インドネシアは遅く4〜5世紀から始まる。

紀元前4世紀頃に中国雲南・蜀の地方に伝播。

紀元前2世紀頃から、自国の原料を使って生産が開始されたと考えられている。銅が多く含まれていることで判明した。生産地域は中国全土ではなく「広東省、広西チワン省」に集中している。

朝鮮半島はそれほど多く出土していないが、出土する地域は新羅の首都慶州周辺（韓国南寄りの東海岸）と古代の伽耶地域（対馬から海で対面している韓国南の海岸。現在の釜山周辺）に集中している。まさに南海路の延長線ではないか。

## 南北朝時代は西のガラス

魏晋南北朝時代に入ると、ローマンガラスとササンガラスに
がらりと変わってしまう。

西からの伝来ガラスである（4世紀〜6世紀）。

ビーズなどの装飾品から器（容器）が多くなる。また新たに
切子というササンガラス特有の製品も登場する。


「しかしオアシスルートの東端は長安であり、西晋代では問
題がなかったとしても、東晋の時期、この地域は五胡（作者
注：北の遊牧民族）の支配下にある状況であった。さらに五
胡十六国という転々と変わる王朝と戦乱の中で、このオアシ
スルートを使用した交易が安定して長安まで届いていたかは
疑わしい」（『ガラスが語る古代東アジア』小寺智津子　同成
社）


「江南に呉が建国されて以来（作者注：222年）、江南では農
業生産・手工業・商業ともに大いに発展し、また南洋との経
済・文化の交流を開始した。東晋や東晋以後の南北朝時代も
江南は比較的安定し、社会経済は発展を続けた。

南洋、特にインドとの直接的な往来も盛んになり、当時のイ
ンドグプタ朝の王と江南の王朝とは使節を送り合う関係に
あった」（『ガラスが語る古代東アジア』小寺智津子　同成
社）

（作者注：グプタ朝は320〜550年でヒンドゥー教を中心にし、サンスクリット語を公用語としたが、仏教も保護し美術と学問としての仏教が栄え、純粋なインド仏教としてのグプタ美術のアジャンター石窟寺院や玄奘などが学んだナーランダ僧院などの繁栄が際立った）

一旦3世紀には南海路の交易が下火になったが、考古学的にも4世紀には再び活発化していたことが分かっている。スリランカ（タプロバネー）が東西海洋交易の中継センターとして4世紀以降発達し、ローマの貨幣が多く出土している。
4世紀以降、南海路の中心が南インドからスリランカに移り、ローマからの金貨も集まり大量に出土している。スリランカは、現存では世界最古の仏教国であるが、タミル人の入植も始まっており、当時真珠と肉桂（シナモン）は西への交易品の目玉商品であった。タミル商人がスリランカへ移って来たのだ。

中国南北朝時代の南の都・建業から多数出土する西方のガラス器も、まさにこの時期の海上シルクロードの隆盛について物語るものだ。

『ガラスが語る古代東アジア』の中で掲載されている、5〜6世紀の韓国のガラス器の出土する10基の古墳のうち、8基は慶州市である。古代から日本海に面する湾港であった現在の

浦項市（ポハン市）まで20kmであり、慶州市には南海路で持ち込まれた可能性が高い。

しかもこの時代、新羅の古墳からガラス以外にも西方からの遺物が多く出土しているのである。

その中に含まれている宝石を象嵌した金のブレスレット、銀製亀甲動物文杯、宝石を象嵌した金製短剣など、これらの出土品も海路である可能性が高いのだ。

というのも「新羅王陵出土の蜻蛉珠」（慶州　5～6世紀　モザイク添付技法など人面や鳥を描いたガラス玉の首飾り）は、東地中海地方の製作と見られているが、同種の遺物が香川県安造田東3号墳（6世紀）とジャワ島（6世紀）で見つかっていること、類似の蜻蛉珠が、香川県盛土山古墳（5世紀）で出土していること、などから南海路経由の交易品であろうと推測されるのである。

奈良の明日香にある飛鳥池遺跡から7世紀後半のガラス工房が発見されており、ガラスの鋳型には高アルミナソーダ石灰ガラスが付着していた。これはまさにインド製にみられる原料そのものである。

ガラスの生産に関しては、紀元前より飛鳥・奈良時代までインドの製法を技術導入し続けてきたと見てよいだろう。

## インドビーズは普遍的価値へ

最後に、この普遍的な価値を、国士舘大学の東南アジア考古学研究者の横倉雅幸氏が「ドンソンとサーフィン（どちらも古代ベトナムの文化名）」という論文にコンパクトに書かれているので紹介する。

「大陸島々を問わず、またインドシナ最奥の内陸遺跡からすでに中国世界に編入された嶺南の諸港市に至るまで、紀元前後の様々な遺跡から出土するインド系ビーズは、民族や文化伝統の違いを超えてすべての集団に認められた、普遍的な経済価値を持つ国際通貨のような存在であった。貴金属同様の価値を有しながら量産によって確実に流通ルートに乗せられたインド系ビーズは、交易経済の潤滑油、触媒として通商航海集団と彼らの活動拠点としての港市の経済規模を増幅させた」。

これらを船で運送した集団、各港で商売を行った集団、ガラス工房を創りあげていった技術集団、多くの人々を巻き込んでシルクロードの南海路で活躍をしていたのは、南インドのタミル商人が大きく係わっていただろう。

インドビーズは、インド発の技術が世界中に広がって一つの時代を形成した。そして日本国内にも導入された好例だと思

う。恐らく弥生時代の後期の紀元前後のことだ。それ以降古墳時代も継続し、飛鳥・奈良時代になると仏教の振興とともに、さらに大きなビジネスにまで成長した。

インドビーズは日本の古代史の研究には欠かせないほど重要な役割を果たしてきたと考えられるが、その研究はあまり進んでいないように見える。

## 第4章

# 鉄

## デリーの鉄柱

インドの鉄の話は、この話から始めなければならない。

デリーにある直径が約44cm、高さ約7mの鉄の柱である。この柱を含む遺跡群が、1993年に「デリーのクトゥブ・ミナールとその建造物群」として世界遺産に登録をされた。

その鉄柱が、1500年以上にわたって錆びない、という有名なお話である。

鉄を仕事にする人々や研究者にとっては、ずっとその理由の議論が絶えることがなかったほどである。1500年を超える謎が、未だに解けないという。

世界へ仏教を広めたアショカ王の建てたもの、という伝説があったが、実際には415年グプタ王朝時代の王チャンドラグプタ2世によって建てられたと認識されている。柱に刻まれた刻印から読み取れるそうだ。

もともとチェンナイからあまり遠くない南東部のウダヤギリ石窟群の前に建てられていたものだった（作者注：タミル・ナドゥー州境界から北に直線距離で165km）。

700年ほど前にイスラム勢力が持ち去って、デリーの南部郊外メヘラウリーに移したものである。当時のイスラム勢力の中心地であった。

そこにはインド最古のイスラム教寺院に付随する塔（インドでは「ミナール」と呼ぶ）が建ち、高さ72.5mと世界で最も高いミナールである。この鉄柱が、そのイスラムの建物群と共に世界遺産に登録されたというわけだ。

この地へ引っ越ししたお陰で、沢山の観光客の訪れる晴れの舞台へ飾られることになったと言えるかもしれない。

錆びない理由は、「リン酸鉄被膜」が出来ているからということで収まりかけていたが、2006年の『Nature』誌には、「ダマスカス鋼」というナノテクノロジーを使った「ナノチューブ鋼」という論文が掲載され、またまた議論を呼んだようである。

いずれにしても、なぜリン酸鉄被膜が出来ているのか、という疑問には答えられていないようであり、まだこの議論は続いているように見える。

## 製鉄の難しさ

銅に比べて、鉄が実用になるまでには、大変な苦労と時間がかけられた。

それは次の2点の壁を乗り越えるのに要したと理解している。

—鉄の融解温度がダントツに高いこと。

—鉄の製品の用途による品質基準は、中に残される不純物の
　量と炭素の量の微妙な調整によって決められること。

**融解温度**

銅は早くから使われていた。紀元前4000年頃には各地で青銅
器が試行されはじめ、紀元前3000年頃から青銅器時代と呼
ばれる時代が始まる。

紀元前6〜4世紀くらいまで青銅の時代が続く。武器、農
機具、司祭道具、装飾品、容器などなど、多くの物に使われ
ていた。

銅に錫を混ぜることによって、融点が大きく下がることを知
り、銅と錫の合金が生まれたのである。「青銅器」とは、銅
と錫との合金のことだ。これに鉛を含めた合金が、用途に応
じて使い分けされている。

鉄が武器や農具として青銅に取って代わっていくのは、紀元
前5世紀〜紀元前2世紀頃のことである。実に鉄器が実用化
される前、青銅器時代が2500年も続いていたことになる。

ただし、日本では青銅器も紀元前3〜4世紀頃から使用され、
鉄器時代が紀元前2世紀頃なので、ほとんど時間差がなく始
まったことになる。

◆金属の融解温度比較

|  | 融点（℃） |
|---|---|
| **鉄** | **1,536** |
| **銅** | **1,085** |
| 金 | 1,064 |
| 銀 | 962 |
| 鉛 | 328 |
| 錫 | 232 |

（参考）ガラスの主成分二酸化珪素の融解温度は約
　　　　1400℃（融解温度を下げるため還元剤と
　　　　して炭酸ナトリウムなどを加える）

焚火の温度が400〜500℃。鉛や錫は溶解できる。金属の溶接に使う「はんだ」は鉛と錫の合金であるので、電気ゴテで十分溶かすことができる。

初期の地面を少し掘った平面の窯や七輪で600〜800℃。土器・陶器が焼ける。

それに煙突効果をつけて送風をしてやると、概ね1000℃まで上がる。青銅器が出来る。

だが、まだ製鉄は出来ない。


この製鉄やガラスの溶解に必要な温度を得るための工夫に時間を要したのだ。

送風と煙突効果、それと炉の温度の保持力、炭の種類などが

キーである。

最初は、冬の北西からの乾いた冷たい季節風、風が通る丘の上、山の吹きおろし、谷風、海からの風の利用など自然の風を待って行った。そして、紀元前2000年から1500年前頃に、送風の道具「フイゴ」と呼ばれるものが生まれた。鹿の皮で作った袋を使って、それを膨らませたりへこましたりして空気を送る道具である。エジプトのパピルスの絵に出てくるのが初見である。日本へ入って来たのは、弥生時代中期で紀元前2世紀頃なので、渡ってくるのに1300年以上もかかったことになる。

それが次第に、木製送風ポンプにかわり、足踏み式などへ変わった。日本の独自の「蹈鞴製鉄」の名前の由来は、足踏み式（蹈）のフイゴ（鞴）から来ている。

この温度を上げる技術に関しては、中国が最も先進的な方式を生み出し、紀元前2〜3世紀に本格的な大量生産できる製鉄技術を開発した。これは、シルクロードのステップ路を経由して、伝えられた技術を基にして、技術革新を行った結果であった。

**不純物と炭素の残量**
製品になった際の炭素と不純物の微妙な量の差によって、鉄の品質が大きく変わるのである。
不純物は、少なければ少ないほど良いが、その分融解温度が

高くなる。

炭素の量は、少ないほど柔らかくなり切れ味が悪い。多くなると硬くなって、大変脆く割れたり欠けたりし易い。そこにも工夫が必要だった。とりわけ炭素の残留％（0.05％〜2.1％）が品質に大きく影響した。

もちろん測定装置もない時代である。勘と経験の熟練技が必要とされる。


**鉄の工程**

最もシンプルに言うと次の3段階で鉄製品を作る。間接製造法という。

①製鉄：原料を溶かして鉄を取り出し「銑鉄」を作る工程。
　　　　銑鉄は炭素がまだ多く含まれ（2.1％以上4〜5％位まで）、固いが脆い。
②製鋼：銑鉄から炭素を0.05〜2.1％まで減らして「鋼」を作る工程（製鉄炉では微妙な炭素量の調整が出来ないため2段階になる）。
③加工：鋼を使って製品に仕上げる工程。


**古代の製鉄**

ただ製鉄には、もう一つ古代の鉄の作り方というのがある。

褐鉄鉱と呼ばれる鉄の水酸化物を原料にする。スウェーデン

では湖沼鉄と呼ばれ、4世紀ごろから鉄の材料として使っており、今でも一部でこの方式で鉄を作る。

火山近くなどの湖や沼、潟などで、葦などが群生しているところに褐鉄鉱ができる。鉄分の多い水の淀みには、鉄バクテリアが大量に発生。バクテリアが活躍し、葦などの根に水酸化鉄を作り自分の殻を作っていく。そして葦の根の周りに水酸化鉄の塊を作っていくのだ。

日本では、長野県の黒姫山周辺、諏訪地方や、阿蘇山の黄土（リモナイト）と呼ばれる褐鉄鉱の一種など有名で、良質のため鉄の原料として使われていた時代がある。


一般的に不純物が多いために融解温度が低い。低い温度で製鉄工程を進めると、海綿鉄というスポンジ状の穴が多い鉄の塊が出来る。炭素量は2％以下になるが、不純物はまだかなり残る状態だ。

これを「鍛冶」と呼ばれる工程——赤くなるまで熱し、金槌で叩き、折り込んでいく——で不純物が外へ火花と共に追い出され、炭素も減っていく。何十回も続けることで「鋼」まで高めて行く。根気のいる職人技になる。「鍛造」と言い、鍛えることを「鍛錬」と呼ぶのはここから来ている。


最初に鉄を使って強国となったヒッタイト（トルコ地方から生まれた）はこの方法で作ったと言われる。この方式は、直接製鉄法と呼び、エジプト、メソポタミア、インドへと南

ルートで伝わっていった。


## インドの古代製鉄

インドでは、この古代鉄の製法が伝わった。錆びない鉄柱
も、古代鉄の製法に革新を加えて作られたものだと考えられ
ているが、どのようにしてリン酸鉄被膜が出来たのかは分
かっていない。

現在は、普通にリン酸鉄の被膜をする加工液を塗布したり浸
したりしてコーティングし、その上から塗装を行って腐食を
防いでいる。現代技術を先取りしたような技術、今見てもど
のようにして作ったのか分からないような技術が、紀元前か
ら使われていた。


この鉄は、当時「ウーツ鋼」(Wootz) と呼ばれ、語源はドラ
ヴィダ語系のボンベイ地方の方言であるカナセル語「Wook」
からという説がある (現タミル・ナードゥ州)。

南インドで紀元前5〜6世紀に発明された高品質の鋼で、切
れ味がよく、柔軟性があり、刃がかけず、錆びにくい。徹底
して不純物を取り除き、また高炭素と低炭素の異なる層を重
ねている。

ウーツ鋼の塊で輸出され、刀やナイフなどに加工され、異な
る層から複雑な縞模様が表現されることが特色となってい
る。

この「ウーツ鋼」がダマスカスへ輸出され、そこで加工され
たものが「ダマスカス刀」となり、中近東や欧州では王侯貴
族たちの憧れの品だったという。

インドの古代の「ウーツ鋼」の製作手法は、数多くの推測さ
れた学説があり、どれが正しいか専門家でも見極めることが
出来ていない。なので、独自で分かり易いと思ったことを、
いくつかの説を合成して下記する。

―原材料の特質。ベンガル地方に、品質の高い酸化鉄が材料
　として豊富に存在した。日本では、江戸時代には鉄の原材
　料としてインドから輸入をした。その地方名から、その鉄
　材料が「ベンガラ」と呼ばれるようになった。ウーツ鋼の
　材料としてこれが使われている。
―製法は「坩堝」という耐熱容器を使う溶融工程と炭素を吸
　着させる滲炭剤を用いる。これをインドでは紀元前から始
　めている。まず不純物を減らした鉄の塊を炭と滲炭剤とし
　て竹や植物の乾燥葉を入れて、「坩堝」に詰める。坩堝に
　熱をかけていく。鉄に炭の中の炭素が移っていくととも
　に、不純物が分離していく。鋼が作られていく。中炭鋼と
　高炭鋼を作る。
　動物の骨などを入れることで、リン酸が加えられていたの
　かもしれない。
―炭素の含有量が異なるものを合わせ、その後何回も鍛打を

　行う。不純物をコンマ数％レベルまで除去していくと共
　に、炭素量の異なるものを層にすることで、文様が生まれ
　る。

古代このように鍛冶して板状に仕上げたものをメソポタミア
へ輸出をしていた。ダマスカスで仕上げられて、非常によく
切れるナイフとして一躍有名になったのが、「ダマスカス刀」
である。古代鉄から作る傑作だ。インドの坩堝から作る
「ウーツ鋼」が材料となる。
現代の日本でも、何重にもなった縞模様が特徴の「ダマスカ
ス風の文様のついた包丁」は、高級ブランド品として人気が
高い。

インドでは、紀元前5世紀頃から19世紀まで世界へ輸出し
ていたようだ。
インドという国は、鉄においても、資源国の一面と工業製品
としての技術力の極めて高い国として、2000年以上も名をは
せていたわけだ。


## 中国では「北の鋳造、南の鍛造」

北の地域では銑鉄を作るのに鋳造する方法が採用された。温
度の問題、脆さの問題などの克服に時間を要し、武器として
使用に耐える品質の鉄は、紀元前2世紀頃前漢時代と考えら

れている。

大量生産に耐える、しかも極めて品質の高い鉄を作る技術を開発したことになる。

南から伝わった古代製鉄法は、大量生産には鍛錬する手間暇が大変だが、小ロットものの高級品や鏃（やじり）などの小物製品にはかえって向いているといえる。鍛冶のやり方によって、柔軟性を持って生産できる、極めて現実的な製造方法だと言える。

実用の時代も早く、紀元前5世紀頃には「ダマスカス鋼」がインドより楚の国にも伝達されたと考えられる（実際の海綿鉄を使った鍛鉄された刀の出土は、紀元前3世紀のもの）。

北方では、一般戦士までが携帯する刀・槍・鉾などの武器の使用に耐えるものを目指した。大量生産できることが前提だった。戦争の武器としての使用だ。

南方では、ごく限られた王や武将が手にする象徴的な剣を、生産する目的だった。王のための剣や武功のあった将軍に与える勲章的な褒賞に使われた。流行り言葉で言えば"神技"を目指した。

日本の剣は、まさにこの後者の考え方が根っこにある。

「呉鉤」

中国では、春秋戦国時代の終わり（紀元前5世紀）頃から、

呉国で反りのある鋭利な曲刀を鍛鉄で作成した。

日本刀と同じ片刃で、曲がりがある。刀背は柔らかい鋼鉄で強度を増していた。

南方の民族に広がった。


**『荘子』「外編　刻意編第 15」**

呉越の剣は、「其れ干越（呉越のこと）の剣を有つ者は、箱（実際は「柙」）にしてこれを蔵め、敢えて軽々しくは用いず。宝とするの至りなり」。


呉越では、「剣が神聖性を持ったもの」として考えられていたという。

日本の刀の神聖性は『古事記』にも『日本書紀』にも表れている。

日本刀の作り方の基本は、呉越から学んだだろう。もちろん古代製鉄である。


## タイの製鉄

タイの東北地方からは、C14 放射線炭素年代測定で紀元前 500 年以前の鉄の遺物が出土しており、その地域のバンドンブロン製鉄遺跡からは、紀元前 3 世紀〜紀元前 1 世紀の製鉄遺跡が発見されている。

「17 基の製鉄炉、壊れた炉壁や粘土製フイゴ羽口の残片、鉄

滓などをまとめて捨てた廃棄坑1基、作業小屋」などが出土
している。

そして原料は、「微細な粘土粒を核とし、その外面に酸化鉄
が被膜を形成した構造のもの」であった。

「以上のような素材と小型円筒形炉による製鉄は、中国の製
鉄に見られる銑鉄生産ではなく、中国を除く古代鉄に一般的
な海綿鉄の生産、つまり錬鉄生産であったと言える。この事
実はタイで出土した鉄製品がすべて錬鉄を素材とするもので
あることからも裏付けられる」

「ベトナム北部で出土する鉄製土掘り具に、中国製と考えら
れる鋳造品がある以外は、東南アジアの鉄製品は一般に錬鉄
を素材として鍛打によって成形した錬鉄製品である」

(引用はすべて『辞典東南アジア』京都大学東南アジア研究
センター編　弘文堂)。


古代鉄の製鉄方法が、東南アジアへ紀元前5世紀ごろから紀
元前3世紀には広く伝わっていたことを物語っている。


## 日本へも鍛鉄技術

日本にも、初期のインド古代製鉄が伝播してきた可能性が極
めて高いと思う。

紀元前後には、北九州・肥後・出雲・吉備・丹後・越前・阿
波・淡路島などで鉄の生産を行っていた、という意見を出さ

れる方が結構多い。古代史の専門家ではなく、製鉄に関与されてきた技術者の方の意見である。

代表例に、日立金属のホームページから引用（現在は会社が変わり、なくなっている）。

「日本で製鉄（鉄を製錬すること）が始まったのはいつからでしょうか？

弥生時代の確実な製鉄遺跡が発見されていないので、弥生時代に製鉄はなかったというのが現在の定説です。

今のところ、確実と思われる製鉄遺跡は６世紀前半まで溯れますが（広島県カナクロ谷遺跡、戸の丸山遺跡、島根県今佐屋山遺跡など）、５世紀半ばに広島県庄原市の大成遺跡で大規模な鍛冶集団が成立していたこと、６世紀後半の遠所遺跡（京都府丹後半島）では多数の製鉄、鍛冶炉からなるコンビナートが形成されていたことなどを見ますと、５世紀には既に製鉄が始まっていたと考えるのが妥当と思われます。

一方で、弥生時代に製鉄はあったとする根強い意見もあります。それは、製鉄炉の発見はないものの、次のような考古学的背景を重視するからです。

1)　弥生時代中期以降急速に石器は姿を消し、鉄器が全国に普及する。

2) ドイツ、イギリスなど外国では鉄器の使用と製鉄は同時期である。

3) 弥生時代にガラス製作技術があり、1400～1500℃の高温度が得られていた。

4) 弥生時代後期（2～3世紀）には大型銅鐸が鋳造され、東アジアで屈指の優れた冶金技術をもっていた。

最近発掘された広島県三原市の小丸遺跡は3世紀、すなわち弥生時代後期の製鉄遺跡ではないかとマスコミに騒がれました。そのほかにも広島県の京野遺跡（千代田町）、西本6号遺跡（東広島市）など弥生時代から古墳時代にかけての製鉄址ではないかといわれるものも発掘されています。

弥生時代末期の鉄器の普及と、その供給源の間の不合理な時間的ギャップを説明するため、当時すべての鉄原料は朝鮮半島に依存していたという説が今までは主流でした。しかし、これらの遺跡の発見により、いよいよ新しい古代製鉄のページが開かれるかもしれませんね」

## 古代鉄生産遺跡の可能性

事例1：妻木晩田遺跡　伯耆国（現鳥取県西部）

弥生時代通じて大集落

約300ha（うち国の史跡として152ha、吉野ヶ里遺跡117haの約2.5倍）

鉄器類の出土約400点、大半が木工製品の加工する道具

鉄斧（木を切る）、ヤリガンナ（木の表面を削る）、刀子（小刀）、ノミ（金属板の切断や金属の削り・木製品にも使う）、穿孔具（キリの類）

「妻木晩田遺跡からは、鉄器製作の過程で生じたる不定形な鉄板が出土している。……こうした資料はこの遺跡で鉄器が生産されていた証である。簡単な折り曲げや切断によって製作できる小型の鉄器の多くは『妻木晩田』村で生産されたものだろう」
しかし「弥生時代には、製鉄を行っていたことを示す確実な遺跡がみつかっていない」から、製鉄は行っていなかった、というのが古代史研究家の定説となっている。
（『日本海を望む「倭の国邑」妻木晩田遺跡』濱田竜彦　新泉社）。

事例２：矢野遺跡　阿波国（現徳島市）
鍛冶炉跡。弥生中期〜後期で２基発見された。遺物に、鍛造剥片、棒状鉄器、板状鉄素材、棒状切片、三角切片、鉄滓、粒状滓、床石、石鎚、砥石などが出土。さらに、同じ住居で石器（サヌカイト）、ガラス玉、管玉、朱の付着した砥石、糸をつむぐ紡錘車など、交易を前提にした工房である。
矢野遺跡周辺にも、名東遺跡、高川原遺跡など９遺跡30遺構から鍛冶炉が出土しており、北九州で始まるとほぼ同時に、この地で鍛冶工房が大きくなったのだ。

製品として、鉄の鏃、鋤などかなり多く作られており、この地で消費されていくものではなく、**交易のための交換材**と考えられている。

鍛冶工房、玉工房、石工房、そしてガラス工房などの**複合的な生産コンビナート**だ。


日本には、すぐ近くに鉄の原料が多くある。古代の直接製鉄法を使って製鉄していただろう。当時、朝鮮半島から製鉄された材料を徳島まで運んできて、それを加工させる必要がなぜあったのか分からない。

（『徳島の土製仮面と巨大銅鐸のムラ「矢野遺跡」』氏家敏之　新泉社）。


事例３：阿蘇谷周辺の遺跡群　現熊本県阿蘇郡阿蘇町

阿蘇山の中央の火口丘と外輪山との間はドーナツ状の平原が広がって、その北側はかつてカルデラ湖があった。その平原の北西部分にあたる狩尾地区には、阿蘇リモナイトと呼ばれる黄土があり、それが鉄や顔料のベンガラの原料となる「褐鉄鉱」なのである。戦時中から昭和30年代まで、鉄鉱石の輸入が不足した時、八幡製鉄（現日本製鉄）へ鉄の原料として納めていた実績がある。現在も阿蘇リモナイトとして出荷されているが、用途は環境関係分野や農業・畜産分野などそれ自体が機能性の製品となっている。

そのリモナイトの鉱床が、阿蘇の平原の中を流れる黒川に

沿って、赤水から灰塚まで約 8km 続いており、8 か所に鉱山
跡がある。現在も、その東明神山鉱床からリモナイトを採鉱
しているのである。


弥生時代後期の鍛冶遺跡群が、まさにその鉱床に沿って出土
しているのだ。湯ノ口、前田、池田・古園遺跡などの狩尾遺
跡群、下扇原、小野寺、明神山、下野原などの小野原遺跡群
をはじめ、宮下、下山西、陣内遺跡など 10 を超える弥生時代
後期の古代遺跡が集中している。
『熊本県文化財調査報告書第 257 集　小野原遺跡群』（熊本県
教育委員会 2010 年 3 月 31 日）によれば、「当遺跡からは約
2400 点の鉄製品（鍛冶副産物含む）が出土」しているとい
う。107 軒を超す住居には、ほとんどに鍛冶跡の炉があり鉄
器関連物が出土し、鉄滓も含まれている。古い資料しかない
のだが、弥生時代に限ると熊本県が鉄器の出土 NO.1 であり
1607 点、全国では 1 万 530 点なのでシェアー15％であったと
いう。肥後は鉄器の弥生時代後期の最も進んだ国であった
（『弥生時代鉄器総覧』川越哲志編 2000 年の数字）。
その熊本県で、2010 年に新たに 2400 点もの鉄製品が出土し
たということになると、阿蘇谷の遺跡群は圧倒的な鉄器生産
地域であったということになる。
さらに、鉄滓の分析から融解温度は 1180℃ ～ 1310℃ のところ
まで昇温されていたことが述べられており、当然この温度ま
で昇温すれば鍛冶だけではなく古代製鉄が十分すぎるくらい

可能であったのだ。

その遺跡群からは、数百メートルから数キロ内に日本最大の
リモナイト（褐鉄鉱）という鉄の原料が存在している。まさ
に古代鉄の原料を目の前にしているのだ。しかも、そのリモ
ナイトからベンガラという朱色の鉄系顔料を大量に作ってい
るのである。さらに、古代鉄での生産に向いた小型の鉄器が
圧倒的に多いのである。
リモナイトを原料として、ベンガラと古代鉄の生産のための
古代の「工場団地」を造成したとしか思えないのだ。

しかしあくまでも製鉄ではなく、「鍛冶工房であった可能性
が高いと指摘された」とされている。原料は目の前に大量に
あるにも拘わらずベンガラの生産のためにしか使わずに、製
鉄のための材料は韓国から船で運んだうえ、直線距離で
50kmもある阿蘇山の外輪山の中まで陸送するなど、ビジネ
スの常識からすれば到底考えられないことを、古代では行っ
ていたと主張していることになる。
「当遺跡は手工業生産の解明に一石を投じた生産遺跡であり、
今後のより一層の検証が望まれる」と報告書には書かれてい
るが、その後研究が進められたという情報は見つからない。

## 古代から「鉄は国家なり」

5 世紀中期の仁徳天皇陵を作るのに、ある建設会社の 1985 年
当時の試算では、15 年 8 か月の年月と延べ 680 万 7000 人の
作業員が必要だったという。どれだけの鉄製道具が必要だっ
たことだろう。その原材料をすべて輸入に頼っていたとは到
底考えられない。

古墳造成だけではない。水田の開発。治水、溜池や河川の堤
防、運河。港の整備。繊維工業、玉造、鏡造。
さらに、国土統一のための道路建設。造船。
そして武器。剣に矛、槍、鏃。
さらに林業・鉱業振興のための斧や鉈、槌。肝心の農業の鍬
や鋤。
それらの大掛かりな国家事業を推進していくのに製鉄業が始
まっていないわけがない。
鉄の大量生産体制があって初めて、これらのバブル期のよう
な産業の急激な発展が可能になったのだと思う。

弥生時代には、日本にインドの古代製鉄（含む坩堝工程）が
伝播していただろう。
―すでに中国南部の呉や越では、インドから伝わって来たと
　考えられる鍛鉄での刀造が行われていた。
―タイにおいても、東南アジア全体でも、インド方式での古

代製鉄の技術を使って生産を行っていた。

—朝鮮半島南部の製鉄も、製鉄炉が出土していないということは、同じ古代製鉄の方式であるはずだ。そこから材料を買う必要は全くなく、原料（褐鉄鉱などそこら中にあった）を調達して直接製鉄すればよい。

—この後、日本は独自の「蹈鞴製鉄」を創りあげるのだが、このインドからの技術が基礎となったと考えた方が蹈鞴製鉄に繋がって行く。海綿鉄を作って直接鍛錬する古代製鉄と、製錬工程で鉧という鉄の中間材を作って直接鍛錬又は精錬する蹈鞴製鉄には工程の考え方に大きな共通点があるからだ。

蹈鞴製鉄は、古代製鉄から日本で独自に発展させた技術と考える方が自然だ。


（参考追記1）「獅子王」

「獅子王」という刀が代々受け継がれてきた。

作者は不明だが、平安時代に大和で作られた名刀で、刀に「獅子王」という号が彫られているという。


当然、獅子王というからには、インドの仏教を広めたマガタ国のアショカ王に由来する名前だろう。紀元前3世紀のアショカ王の獅子頭柱は、今インドの国旗のデザインに使われているほどだ。

最古の仏教王国であるスリランカの古代国名は「獅子国」で

ある。「シンガポール」はサンスクリット語で「獅子の街」で
もある。

仏教でお釈迦さんの説教を「獅子のように吼える」と経典に
も出てくる。

伎楽でも「獅子奮迅」はインド発だ。獅子舞の元祖の一つで
あるとされている。

インドと獅子の縁は極めて強いのである。


この刀は、現在重要文化財に指定されて、東京国立博物館に
所蔵されている。

平安末期に近衛天皇から源頼政へ下賜されたもので、『平家
物語』でも書かれるほどだった。その子孫の赤松広秀へ伝わ
り、戦国時代を経て徳川家康へ渡り、さらに土岐氏が拝領し
ていたが、明治15年、土岐頼近から天皇家へ返還されたとい
う。

それほど大切にされて伝承してきた刀である。

作者「獅子王」は天皇家との関係があったのだろうし、さぞ
素晴らしい刀匠であったことだろう。


(参考追記2)「豊葦原瑞穂国」

『日本書紀』に日本のことをそう書いてある。辞書を引くと、
だいたい同じ説明が書かれている。「みずみずしい稲穂のみ
のる国。日本国の美称」。

その原文を見よう。『日本書紀』の「巻第一神代　上」の始まりに近い国生みについて書かれたところが、初見である。

「有豊葦原（千五百秋）瑞穂之地」

現代語訳「豊葦原の、（長きにわたって）豊かに稲穂の実る国がある」

原文に「稲」という文字はない。にもかかわらず「稲穂」だとする訳が定着した。どの辞書を引いても、「瑞穂」は「みずみずしい稲穂」となっている。

が、「瑞」を引いてみると、瑞兆と使われるように「めでたい徴」、そのもとは「天子などが与える玉」のこと。文化勲章の「瑞宝章」の「瑞」である。「みずみずしい」というのは、漢字の意味からはかけ離れたものだ。これは、この『日本書紀』の「瑞穂」を後世で「みずみずしい稲穂」と訳したことで、それが一般化してしまったと考えられる。

『日本書紀』の中では、「稲」は大切な食糧の一つであるが、まだそれほど特別扱いはされていない。天照大神も、「日」＝太陽の神様である。保食神が別に登場するが、稲専門の神様は登場しない。保食神は、牛馬と蚕と五穀（米、稗、麦、粟、豆）の神だ。

葦は、イネ科の多年草植物で、水辺を好み、群生する。根を這わせて、横に広がり、繁殖力が強い。そのため、田には害になるという。少なくとも、葦と稲は共生できない。

『万葉集』でも「葦」は多く詠まれている。50首ほどあり、当時「豊葦原」が風景としてあったのは確かだ。だが、それは海、川、湖沼、潟の情景であり、港、舟や雁、鶴、鴨などの鳥の情景である。稲穂とは全くの無縁なのだ。

そこで本文の中で書いた「褐鉄鉱」を再掲する。古代鉄の原料なのだ。

「（古代製鉄には）褐鉄鉱と呼ばれる鉄の水酸化物を原料にする。スウェーデンでは湖沼鉄と呼ばれ、4世紀ごろから鉄の材料として使っており、今でも一部でこの方式で鉄を作る。火山近くなどの湖や沼、潟などで、葦などが群生しているところにできる。鉄分の多い水の淀みには、鉄バクテリアが大量に発生。バクテリアが活躍し、葦などの根に水酸化鉄を作り自分の殻を作っていく。そして葦の根の周りに水酸化鉄の塊を作っていくのだ。

日本では、長野県の黒姫山周辺、諏訪地方や、阿蘇山の黄土（リモナイト）と呼ばれる褐鉄鉱の一種など、鉄の原料として使われていた時代がある」

褐鉄鉱で有名な愛知県高師原の「高師小僧（たかしこぞう）」は県の天然記念物に指定され、滋賀県の蒲生郡日野町の「別所高師小僧」は国の天然記念物に指定されている。

褐鉄鉱の中にある紫色の粉が仙薬だったからか、あるいは葦

原の根群に着いた褐鉄鉱のように「鈴なり」になって多くの
子供の誕生を祈るためか、「正倉院」に2つの勾玉が入った褐
鉄鉱が保存されている。

『日本書紀』に書かれている、「有豊葦原瑞穂之地」は、「豊
かな葦原があって瑞祥の穂がある地」。
葦の穂そのものがめでたい徴と考えられる。その葦の根に生
成される褐鉄鉱は、正倉院で大切に保管されてきた宝物に
なっているほどのものだったのだ。

## 第5章
# 古代の医学薬学

## 出雲国が医薬の先進国

「古代出雲は医薬の国でありました」（「古代出雲薬草探究会」
ホームページより）。

平城京に遷都され奈良時代が始まって間もなくのこと。713
年に 68 か国に向けて、その郡郷の名前（好字を使って）、
―産物
―土地の肥沃の状態
―地名の起源
―伝承・異聞
を報告させる命令を出した。いわゆる『風土記』の編纂で
あった。

不思議なことは、全ての国から集められたであろう風土記の
うち、残っているのは常陸国、播磨国、豊後国、肥前国の一
部と、そしてほぼ完本の出雲国の 5 国のみだった。残りの 63
か国の風土記は、何かに引用されたりして語られているもの
が少しあるものの、それ以外は失われた。

『出雲国の風土記』の中に草木114種が記されていて、その内93種もの薬草が載せられている。しかもその中から、奈良の朝廷の典薬寮（医薬・薬学を司る官庁だが、天皇家や宮廷への特別医療従事者に近い）へ53種の薬草を朝廷に献上していたという。近江・美濃に次ぐ第3位であった。

ただし、927年の「延喜式」における「諸国進年料雑薬」に基づいているので、風土記の時代とは約200年のタイムラグがある。風土記の中の記載の多さはさらに際立っているので、200年間で京都に近い場所へ薬草園をシフトしてきた結果であるのかもしれない。

たとえば「紫草（ムラサキ）」、奈良時代は圧倒的に九州からの調（特産品を税として納める）で賄っていたが、7世紀以降京都や滋賀などで紫草の生産を始めている。


出雲は、古代飛鳥時代には薬草を育てていて、薬草の宝庫であったに違いない。


『日本書紀』にもそのことを暗示するような神話が出てくる。「巻第一　神代上」の大己貴神（おおなむちのかみ）（大国主神）と少彦名命（すくなひこなのみこと）とのお話である。

「さて、大己貴神と少彦名命は力を合わせ、心を一つにして天下を造られた。また現世の人民と家畜のためには、病気治療の方法を定めた。また鳥獣や昆虫の災いを除くためには、まじないの法を定めた。このため百姓は、今に至るまで、そ

の恵みを受けている」

「その後、少彦名命が、出雲の熊野の岬に行かれて、ついに常世（長生不老の国）に去られた」

大己貴神と少彦名命とは、出雲の国造を共に行い、医薬・薬学にも貢献した神であったという。古代における医薬や薬学は、恐らく民の安寧や幸せを目指すうえでは、国造りの中でも極めて大切な要素となっていたのだ。

『日本書紀』や『続日本紀』の中で見られるが、病気の流行の記事やそれに対して薬剤の給付を朝廷が行っている。それが朝廷の人民のための仕事の一つであったのだろう。

細菌やウィルスの原因も分からぬ中での疫病の流行、衛生観念が今とは異なる中での寄生虫やダニ・蚊などの虫（これが非常に多い）、栄養が足りない中での病気との闘う力、恐らく日々病への恐怖と接していたのであろう。

その恐怖を少しでも取り除き、人民の病を癒すことが大きな朝廷の仕事だったのだ。


この少彦名命は、『日本書紀』の第1巻の始まり「神代　上」に出てくる。

登場の仕方が面白く、非常に小さい小人だったようだ。『出雲風土記』にも出ている「やまかがみ」の皮で船を作りやって来た。やまかがみは、中国産のブドウ科で実と根を薬用にする薬草である。

そして大己貴神の手のひらに乗って、ジャンプしてキスをす

るのだ。

服がまた「ミソサザイ」という鳥の羽を衣にしている。スズメ目の鳥で、ユーラシア大陸全体に棲んでいる。ちょっと見た目には雀に似ていて、何の変哲もないのだが、世界各地の神話や伝説に多く登場する。

小さい鳥だが、尾がピンと立ってかっこよく、声が際立って大きい。強いものへ向かっていく勇気ある鳥として語られている。グリム童話では猪をやっつけ、アイヌの物語では熊へ真っ先に立ち向かう。

ケルト族にとっては特別な鳥で、アイルランドではクリスマスの翌日「聖ステファノの日」の祝日は、別名「ミソサザイの日」と呼ばれている。旧年の魂を宿しているとされ、ミソサザイはそのために狩りをされる日となっている。その羽をつけて少年音楽隊が街中を歌い踊りながら歩きまわるという。

『日本書紀』の少彦名命のミソサザイの羽の服のことを書いた作者は、この話を知っていたのだろうか？　日本の国史の中に、なぜミソサザイが出てくるのだろうか？　少名彦命はケルト民族と関係する人物だったのだろうか？

少彦名命は、今も大阪の医薬メーカーが集まる道修町の少彦名神社に祀られている。かつては、薬草の取引が行われていた土地柄だ。

その少彦名神社では、「少彦名命」と共に、中国の医療と農

業の神様である「炎帝神農」がご祭神として祀られている。
新年のお参りと11月22日・23日の神農祭には、医薬品メーカーの参拝でたいそうにぎやかになる。


## 『出雲風土記』に書かれている薬草

「百部根」、「貫衆」などは、江戸時代に日本へ移入されたと
江戸時代の文献に出てくるらしいが、奈良時代の『出雲風土
記』にすでに記載されている。その後、途絶えていたかもしれない。

「商陸」は、和名「ヤマゴボウ」で延喜式（927年）に初見である。原産地中国の産地から、出雲には早く入って来ていたことになる。

「牡丹」も、枕草子（9世紀）が初見である。『万葉集』には
出てきていないので、奈良に伝わる前から出雲で育てていたのかもしれない。中国西北部の原産で、薬用として用いられていた。唐の8世紀になって観賞用の花として大変人気になったという。則天武后が好きだった、という伝承もあるようだが、なぜ急に人気になったか理由は不詳である。
根の樹皮と皮が鎮痛・消炎・解熱の薬草である。

「高粱草」は、和名「モロコシ」で、「蜀黍」とも言われるイ

ネ科の穀物であり、インド原産。熱帯・亜熱帯地方に多く、乾燥地帯にも適合する。

蜀の字がつくので、インドから蜀へ広がったのではなかろうか。

「蜀椒」は、早くから漢方に出てくる「蜀で取れる山椒」で、「華北山椒」とも「花椒」ともいう。麻婆豆腐に使われる黒っぽくて辛みが強いものである。

その「蜀椒」が『出雲風土記』に出てくる。日本の事典では「山椒」「朝倉山椒」のこととしているが、実際には同類だが異種（原産中国と原産日本）である。その中国蜀地方の原産の「蜀椒」が栽培されていた。

その他にも薬草として使われてきたものが多く含まれている。

ここでは中国産が多い。

李：中国原産、脚気・やけどなど

連翹：中国原産、解熱剤・消炎剤など

五味子：韓国・満州原産、鎮咳・強壮など（韓国では茶で飲まれている）

杜仲：中国原産、利尿・高血圧・滋養強壮など、氷河期を生き延びた強い「生きた化石」

朮：中国・朝鮮・日本原産、利尿・整腸・健胃など、屠蘇の一つの材料

楊<sup>ヤマモモ</sup>梅：浙江省（いわゆる「呉」）が主産地で照葉樹林地帯、吐
瀉・殺菌など

## 照葉樹林

それはそうと不思議なことがある。

薬草の原産地がどこかを調べるのに骨が折れることが分かっ
た。

少なくない薬草が、原産地日本の千葉県以南、中国華南、台
湾、韓国南部、ベトナムなど、広く原産地を表示している。

いわゆる「照葉樹林」地帯一帯に、かなり多くの薬草がある
ことが分かった。

### 照葉樹林帯

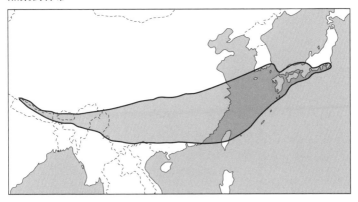

この地帯の中で、温暖で夏に雨が多い地域に多く存在する。

「照葉樹林」とは、樫、椎、楠、タブ、ツバキなどで、温帯地方の常緑広葉樹の中で、夏に雨量の多い地域では、葉が太く大きめであり、その被膜（クチクラ）も厚く光を反射する。葉が光って見えるため、照葉樹というわけだ。

それがまさに東南アジアの大陸部の北部山地（ヒマラヤ山脈の麓あたり）から北上し、中国領へ入り四川省昆明などの大きな盆地を通り、揚子江に沿って東シナ海へ抜け、台湾や韓国南部を包含しながら、日本の西日本と千葉県までの太平洋岸に形成されていた。

「照葉樹林」が多く茂っている帯状に長い地帯が「照葉樹林」地帯である。


中尾佐助教授が、『照葉樹林文化論』という本を出されているが、その地帯には驚くほど日本との共通する文化圏があることが分かる。

簡単に纏めると、

1　ワラビ、葛、樫、栃などの堅果類を水にさらしてアクを抜く方法

2　茶の葉を加工して飲用する習慣

3　繭から糸を引いて絹をつくる

4　漆などの樹液を用いて漆器を作る方法

5　柑橘類の栽培

6　シソ類の栽培

7　麹を用いて酒を醸造する

8　サトイモ、ナガイモなどのイモ類の食事

9　アワ、ヒエ、キビなどの焼畑の方法

10　竹利用の工芸品（建築材、漁具、農具、食の道具、籠類など）

などが指摘されている。


照葉樹林という同じ植物環境だから共通の文化が育ったのか、同じ文化を持った民族集団が往来して有益な草木を植えていったから照葉樹林という植物環境が出来上がっていったのか。卵が先か鶏が先か、の議論が必要だと思えるのだ。


この照葉樹の中で出雲国で産した薬となっている代表選手を挙げてみる。


「楠」

楠は、Wikipedia によると、台湾、中国（東シナ海沿岸部）、済州島、ベトナムの暖地に分布し、日本には「史前帰化植物」とされ早くから持ち込まれた。九州に80％、四国に12％、本州太平洋岸に8％の分布であるとされている。


楠はセイロンの特産物である肉桂（ニッケイ＝シナモン）の仲間であり、楠は「クスノキ科ニッケイ属」である。東南アジアにも仲間が多く広がっていて、本来の原産地は東南アジアが有力とされているようだが、日本へも歴史に残る前に伝

えられたものだとされている。

また重要な点は、人の入らない森林ではほぼ見かけないといい、自然の繁殖ではなく人の手で樹林されてきた歴史を持つものと解されている。

仏像の材料、神社・寺社の建築材にも使われている。保存性・耐久性が良く、防虫効果があるためである。

常緑樹でそのうえ成長が早く、しかも長寿である。

鹿児島県の蒲生八幡宮の楠の大木が、日本最大の楠で、幹周24.2m、樹齢1600年という。特別天然記念物に指定されている。まさに古墳時代の楠である。

他にも大山祇神社（愛媛）、福岡宇美八幡宮などが国の天然記念物に指定されている。

紀元前において、エジプトではミイラの防腐剤として使い、バビロニアでは医薬品として、ローマでは葬儀で燃やして香りに使っており、樟脳が生まれる前（5〜6世紀）から世界的に多用されてきていた。

**世界愛用の「神の木」的な薬樹だったのではなかろうか。**

樟脳の原料として防虫剤に使われるようになり、中国では「楠」ではなく「樟」と呼ばれる。というより「樟」から取るので、防虫剤が「樟脳」と呼ばれたのだろう。「楠」は中国からの伝播ではないだろう。

薬としては、毒性を抜いた油が咳、鼻づまり、頭痛、筋肉痛などに使われる。いわゆるカンフル剤としての効果があるという。学名は、カンファーである。

インドでは紀元前からアーユルヴェーダ理論の中でも示されていて、「肉桂」の樹皮から油を取り、抗菌や虫刺されに用いられている。

寺院や神社で樹林されているが、楠からの精油も寺院や神社で行われていたという、その伝承が残る神社もある。

兵庫県の六甲山地にある楠の群生は、『六甲山系電子植生図鑑』（六甲砂防事務所発行）によれば植栽されたものだと明記されている。

こうして植樹された「楠」が、摂津や河内の神社・仏閣が7世紀～8世紀多く創建された時に、それぞれの境内に樹林され、寺院・神社で代々引き継がれてきたのかもしれない。

摂津の国（神戸市から阪神間・大阪市・池田市・吹田市・摂津市・高槻市）の神社・寺院そして古墳に至るまで、楠を植えているところがやたら多いのだ。

しかも樹齢数百年を超えるような大きな楠が神木として大切にされている寺院・神社が多い。大阪市には天然記念物に指定されている神社が5社あり、「市の木」に指定している市が摂津の国に5市も集まっている。西宮、伊丹、池田、吹田、摂津である。

海の人が持ち込んできた「九州・四国の木」と言える楠が、

摂津に飛び地しているようである。古代の人の移動を示すものだ。

「椿」

これは、17世紀に来日したオランダの商館員のエンゲルト・ケンペルがその著書で初めてこの花を欧州に紹介した。その後18世紀にイエズス会のゲオルク・ヨーゼフ・カメルは、フィリピンでこの花の種を入手してヨーロッパに紹介した。その後、有名なスウェーデンの植物学者カール・フォン・リンネが、ケンペルの記載とカメルの名前から「カメリカ・ジャポニカ」と命名した。そのため日本原産となっている。低木のツバキ科ツバキ属は、東南アジア・中国・ヒマラヤに自生して、紀元前から種から油を取っていた記録がある。どちらが原産地かは明確ではない。

中国名は、「椿」ではなく、「山茶」である。中国で「椿」（チン）は「香椿」（チャンチン）ともいい、全く別の植物（栴檀系）である。中国の「山茶」は、日本の「山茶花（サザンカ）」も「日本椿」も含んだ総称となっている。
「椿」の字は、『出雲風土記』（733年）が初見である。由来は不詳だ。

古名は「かたし」と言われていて、その実が大変割るのに苦労をしたことが由来だという。今でも長崎地方の方言は、

「かたし」である。

長崎の五島列島は、椿の産地として有名であり、五島列島には900万本もの椿が自生している。もちろん全国でNo.1である。その内、人口が2万人ほどの上五島に8割に近い680万本があるという。

遣唐使の時代には、五島列島の椿油が遣唐使の貢物にも選ばれているほど、古くからの名産品になっていた。

さらに、現在の長崎県に入っている壱岐島、奈良時代には壱岐国であったが、朝廷に送る「調（特産品で払う税金）」に椿油が入っていた。

長崎県は、昭和30年代に東京（主生産地：利島）に抜かれるまで、奈良時代から長い間椿油の大産地として君臨し続けてきたようだ。

今は伊豆諸島（特に利島）を抱える東京に長崎がチャレンジ中で、2県で全国の80％以上のシェアーを持つ寡占状態であり、トップ争いをしている。


お隣の佐賀県になるが、壱岐から唐津へ向かう途中にある「加唐島」は人口が100人にしか満たないのに4万5000本の椿が自生し、椿油を生産している。

8世紀の奈良時代の壱岐国からの「調」にも、「椿油」が出てくる。そのころから壱岐島では椿油が特産品であった。


古代の灯火には、燃えやすい松が多く使われたが、奈良時代

になると寺社・神社の灯火にエゴマ油や菜種油のほか椿油も使われていた。灯火が『日本書紀』に出てくる初見は、白雉元年（651年）の晦日に朝廷で2000人を超える読経で2700余の灯火をともした。

椿の産地には、極端な偏りがあって、社団法人日本ツバキ協会のホームページにある、椿の名所リストから、「ヤブツバキ」の「自生林」に限定して13か所を書き出した。「椿園」「寺社・神社」「個人宅」は除いた。
椿も寺院・神社に多く見られるのは、やはり寺社に必要な油だったのだろう。

沖縄：国頭村（オクマビーチ）　2万本
長崎：津和崎灯台（上五島の一番北の崎）7.8ha
　　　　（上五島は島全体に広がっている）
　　　初崎群生林（松浦市の福島の北端）　5万本
福岡：地島（宗像神社から船）　6千本
高知：足摺岬　15万本
香川：当浜藪椿原生林（小豆島）1千本
　　　（＊椿は切らないという掟あり）
山口：笠山椿原生林（萩市）　2万5千本
　　　（＊江戸時代には椿の伐採の禁止令）
石川：木浦海中公園（珠洲市）　1千本
神奈川：湯河原ツバキライン

　　（箱根との中間の道路沿い 13km）　5 千本

東京：伊豆大島　島全体で 300 万本

　　　小笠原村

秋田：男鹿半島（先端）船川港椿町

　　　椿山・椿川・椿神社　17ha　1 万本

青森：陸奥湾内の夏泊半島（先端）　1 万数千本


秋田と青森は共にヤブツバキとして「北限の椿」で国の天然記念物に指定されている。

どちらにもよく似た物語があり、加賀の商人／越前商人がやってきて、村の娘と仲良くなり 2 年後に戻り結婚する約束で帰国した。2 年後になっても現れないので、村の娘は海に投身自殺したが、3 年後に約束していた椿の種を持って現れた。悲しみに暮れながら椿の種を植えたものが、林となって成長したという。

おそらく椿油は、当時の女性たちにとっては髪結いの油として、憧れのコスメであったことだろう。恋した人と共に待ち焦がれていたこと、さぞかしだっただろう。

加賀や越前は商人として有名だが、椿油を売りにしていたかは不明だ。秋田と青森を除くと能登の珠洲市に日本海唯一の椿の自生林があり、その産地との関係があるのかもしれない。

いずれにしても、「商人」が椿の種を運んでくるというコンセプトが共通して、面白い。

椿の自生林が、すべてカバーされていると思わないが、協会のリストからは、船の往来があったと思われる島、海に飛び出している岬、海岸にすぐ近くの丘か山に限定されている。椿は「海の人たち」が運んできて、島、港の近く、岬あるいは神社・寺院などに植えていたのであろう。とりわけ椿油の産地の、ほとんどが「島」である。五島列島、壱岐島、福島、地島、利島、伊豆大島である。島々が大きく離れているので、自然になったとは言いにくい。

椿の「自生林」は、明らかに自然に生まれたものではなさそうである。秋田や青森は明白だが、五島、壱岐島、福島、地島などの島と岬・半島先端に偏っている。明らかに樹林されたものであると言えるだろう。これでは残念ながら、日本原産とは言えないかもしれない。

島の産業を作りだすために、古代椿油を生産するために植樹されたもの。海の人たちの、島での生活を豊かにするための経済政策を兼ねた油作りだったのではないか。

油は仏教寺院と共に莫大に消費されるようになり、椿油と共にゴマ油・菜種油・エゴマ油などが大量に使われたという。読経を行う時の灯りとして。
初期の油は、仏教の興隆と共に栄えた産業構造であった。

## 仏教僧が薬樹薬草を広げた

### 紀三井寺　応同樹

「護国院（紀三井寺）は、宝亀元年（770）、為光上人によって開かれた寺院です。寺伝によると、応同樹は為光上人が竜宮で竜王から贈られて持ち帰った霊木とされています。植物分類では、クスノキ科タブノキ属の常緑高木で、照葉樹林の代表的な樹種のひとつです。表坂中腹滝ノ坊の上にある応同樹は、和歌の浦を見渡す場所にあり、樹齢は約 150 年とされています。昭和 44 年（1969）、天然記念物として指定を受けたときには、幹周り 2m、樹高 15m の立派な樹観でした。現在では虫損により高さ 1.5m で伐採されていますが、主幹や根元からは新しい枝が育っています」（紀三井寺の桜 ― 紀三井寺（kimiidera.com）より）

竜宮から帰りに贈られて持ち帰った 7 つの宝物
「五鈷、鈴、錫杖、法螺貝、梵鐘、応同樹、海樹（7 本の桜）」

紀三井寺の 7 本の桜もこの伝承で伝えられたものであり、それが今では 500 本の桜の名所として育てられたという。

為光上人は、唐からやって来たので、7 つの宝物は唐より持参して来たものと考えられる。
商人だけでなく、僧が渡来する時にも、有益な薬草や薬樹な

どが持参されてきたことが想起される。


＊応同樹
薬樹。クスノキ科タブノキ。雲南省〜山東省・浙江省原産の照葉樹。
寺社の鎮守の森に多い。成長が早い、株立で増える、潮風に強い。
用途：タブ粉＝線香・蚊取り線香、黄八丈の黄色の染料、舟材。


現在でも、病原菌を感染させる虫としては、蚊が一番多い。マラリア、デング熱、日本脳炎、ジカウィルス感染症、黄熱などである。とりわけ、東南アジア、インドはその影響を大きく受けている。
その効果を知っているからこそ、日本の国土開発の時に持ち込んで「蚊予防」などの対策として楠やタブノキ（応同樹）が樹林されたのであろう。


**唐招提寺**
唐招提寺は、753年に来日した鑑真和上のために建てられた寺である。10年にわたって5度の航海の失敗を乗り越えての、渡来であった。それから10年間、日本に滞在し仏教の振興に尽力されただけでなく、薬草の知識を深く持ち、それを広められたことで有名である。

槇佐知子氏の『病から古代を解く』（新泉社）によれば、鑑真和上は「唐において屈指の医学者だった」そして「和上がもたらした医薬品も多かったであろうし、和上は正倉院の薬物の鑑定もしておられる」という。

日本では手に入れることが出来なかった薬草をいくつか持って来たとも伝えられている。

例えば、正倉院に1粒だけ残されている呵梨勒（ミロバラン）は、インドの代表的な薬草の一つで、仏教の経典の中でブッダが腹痛を起こした時に、天にいるインドラの神（帝釈天）が与えた有名な薬だ。

鑑真が広州を出る時に、インドの木を見つけ持ち込んだものが呵梨勒と伝承されている。

天平宝字7年（763年）5月6日、『続日本紀』に鑑真が逝去された記事がある。

その中で、「また天皇は、いろいろな薬物についても、真偽を見分けさせたが、和上（鑑真）は一々鼻で嗅いで区別し、一つも誤らなかった。聖武天皇はこの人を師として受戒した。皇太后（光明）が病気になられたときも、鑑真の進上した医薬が効果があった」

その鑑真の生誕1300年を記念して1988年に唐招提寺に薬草園が作られた。しかし金堂の大修理のために1999年に閉鎖と

なっていた。2022年4月22日に再開され、一般公開も始められたのだ。

薬草・薬木を約40種、約3000株が植えられた。2年後までに、もう少し拡大する計画があるようだ。


やはり僧の渡来時には、民衆が必要としている薬が喜ばれることを知っている。人道的な見地からもその必要を感じていただろうが、仏教への信仰心を高めるのにも大きな武器になるということだろう。

僧侶などが、船旅のたびに薬草の種などを持って移動したことで、神社や寺院に薬草樹が多く植えられたのだろう。薬学に深く関与し、薬草・薬樹となる有益な植物を赴任地へ運んでいく役割を担っていたのだろう。

仏教の普及に大きなプラスだったと思える。


**椿・楠は「日本語の名前」**

そして、それほどに重要な椿と楠が、どちらも「中国」の名称と異なっていることが大変重要と思える。

「椿」は、中国名「山茶」。「椿」という漢字は、中国ではセンダン科の全く異なる木チャンチン（香椿）からだという。

また「海柘榴」を日本では「つばき」と読まれるが、「柘榴」の原産地は中近東で、沢山の赤い種が子宝のシンボルとして世界的に広がった。中国では「ざくろ」は「石榴」または「柘榴」と書き、呉音の「ジャクル」から「ざくろ」となって

伝わったと言われている。したがって、少し花も実も似通ったところがある「ツバキ」を「海柘榴」と時代が下ってから当て字にしたものと思える。やはり古代から「椿」は海の近くで栽培されたのだろう。

「楠」は、中国名「樟」。「樟脳」がその油から作られる。これも「椿」と同様に、「楠(くすのき)」は日本語独自の漢字となる。どちらも中国を経由せずに持ち込まれた証左であり、南海路を通じてもたらされたと考えられる。

## 『大同類聚方(だいどうるいじゅほう)』　日本で初めての薬の本

平安京へ遷都して間もなくの808年、日本で初めての薬とその処方について百巻に納めた本が作られた。その『大同類聚方』の後世の写本が残っていたものを、古典医学研究家の槇佐知子氏が翻訳された。

当時の第51代平城天皇の勅命によって、典薬頭の安倍真直と侍医(天皇家の医者)の出雲広貞が、全国各地の神社、豪族たちの秘伝としていた薬とその処方を集めて、撰にあたったものだという。

安倍真直は、宮内省の役人であり、医学とは直接かかわりがなかったようだが、出雲広貞は、出雲国造の子孫であり、父出雲嶋成と子の菅原峯嗣(菅原姓を賜う)と、3代続けての侍医であった。

この本の中では、寺院の薬草は一切書かれていない。各地の神社と豪族たちの秘伝である。これほどまでに、神社も各地の豪族も薬草や薬の処方・秘伝に対して大切にしていたということが理解できる。恐らく民衆を率いるうえで、病気の治癒ということがいかに大きな要素だったか、ということだ。『日本書紀』でも、『続日本紀』でも、各地の伝染病の流行には薬を処方して送っている記事が出てくる。これは朝廷の一つの仕事だったのだろう。

宇佐神宮が東大寺の廬舎那仏の造成をサポートしたのは、奈良時代にはまだ薬草の知恵が寺院・神社・豪族なども秘伝にされて、民衆の治癒に有効に働いていなかったことから、神仏習合することで、その垣根もなくしていくことの重大さを認識していたのかもしれない。

### 於南薬園新宮
『続日本紀』の天平勝宝元年（749年）に「於南薬園新宮」とあり、平城京の南、梨原にこの宮があったことになる。
梨原の地はもと広大な薬園のあった所である。
八幡大神の分霊を新宮内の神殿に奉斎し、薬園の名を冠して命名されたのが創始である。
聖武天皇天平年間に悪疫が流行して庶民の多くを苦しめたが、天皇は深く憂慮し祈祷し、宇佐八幡大神の託宣を承って

平城京南の薬園の地、塩の庄の野山に生ずる薬草を湯薬として疫民に与えたところ治癒したという。

これより奈良朝の施薬院は起こり、典薬寮の薬園はここからはじまったとされる。

現在は、大和郡山市の薬園八幡神社に遷座されている。

## 『医心方』984 年　日本初の医学全書

984 年に出版された日本最古の医学全書が、『医心方』だ。

天皇の鍼博士であった丹波康頼が、第 64 代円融天皇へ献上したものである。

丹波氏の系図によると、後漢の霊帝の曾孫「阿知王」の子孫となっている。魏に追われて、朝鮮半島の南部から応神天皇の時代に、帰化してきた「阿直岐」と同一視されている。

『日本書紀』では「阿直岐史」の先祖にあたると書かれており、『新撰姓氏録』によると諸藩（帰化人）左京「丹波史」に「後漢霊帝八世孫孝日王之後也」と出ている。繋がっていると考えられる。

隋唐代の医学撰修として伝えられてきたが、実体は中国語に翻訳された古代オリエントの医学を多く含んでいる。

釈迦に仕えた医師ジーヴァカと空の思想を樹立したナガールジュナの医書、釈迦の伝記を書いた詩人馬鳴の「ブッダ・

チャリタ」、義浄が翻訳した「金光明最勝王経」の中の「除病品」や「南海寄帰内法伝」など、単にインドの「ヴェーダ」にとどまらず幅広くインド医学を取り込んでいる。

そしてその出典の広さには驚かされる。医書・仙書・本草書や陰陽道・道教・仏教・易経・婆羅門の秘方、また天文・占相・史書・哲学・文学などなど、二百数十文献に及んでいる。

そして驚くべきは、そこに採用されている薬学のグローバルなことである。

極めて多様な品揃えで、極めて多くの国々から薬草を集めているのである。


例を挙げてみると、

肉桂（シナモン）（スリランカ）

栴檀（インド：白檀・黒檀・紫檀）

ビンロウの実（**東南アジア・インド・太平洋・東アフリカ**）

ミロバランの実（かりろく）（**インド・東南アジア**）

　　　　　　　鑑真が来日時に持参した

スモモ（中国西域）

ヤマモモ（華南浙江省が著明でとくに寧波が有名）

ブドウ（コーカサス⇒中近東⇒地中海）

ベニハナ（インド・アフガン・エジプト⇒中国華南「呉」）

サイの角（東アフリカ、インド北部、**東南アジア**）

チャットマサラ（ヒマラヤの岩塩）

ニームオイル（インド栴檀の油）

エゴマ（東南アジア）

ひさご（ひょうたん）（アフリカ⇒世界中）

　　　最古の水筒と言われ海の人の必需品

しょうが（インド、東南アジア）

おおばこ（アジア・ヨーロッパ）

やませり（当帰）（中国蜀など）

かはやなぎ（ねこやなぎ）（中国雲南）

つちたら（独活）（中国西域）

慈姑（くわい）（中国雲南・四川）


上記 19 の内、インド・東南アジア系 10 と過半を占めている。

次に多いのは、中国蜀・西域・雲南・華南で 6。

この 2 つの地域が、薬草の宝庫だった。


当時の医薬は、薬草を求めて 2 万キロの旅が行われていたこ
とになる。

誰かが集めて回ったとしか思えないが、普通の商人には複雑
な薬草の知識はない。

山岳修行の僧たちの役割になっていたのかもしれない。日本
においては山伏である。

そして、種や球根などを持ち帰り、各地へ薬草園を作って
いったのだろう。

翻訳者の槇佐知子氏曰く、

「シルクロードより千数百年前に、『心と身体の癒しの道』が、伝道僧や求道僧によって開かれていたのである」と。

その「癒しの道」の中でも、メインとなっているのは、やはりインド・東南アジア・中近東・エジプトなどをカバーする南海路と、薬草産地のヒマラヤ・四川省・雲南省・広西チワン省などをカバーする西南道だ。

シルクロードの南海路と西南道は、絹の輸送に使われる前から、薬草や医薬に携わる人たちの重要な道となっていたということになる。
その道の両方に共に深く関係してきた人々と言えば、インドの商人あるいは仏教僧たちであったと思われる。

◆現存する世界最大の「薬草園」でギネスブックに登録：
広西薬用植物園　広西チワン族自治区（中国南端でベトナムと接する）
202ha、6000種余り、2011年ギネス認定、設立は1959年。広西特産薬物始め、各国の伝統処方や姜科薬物（しょうが）、しだ植物、薬草の本「本草綱目」、11の少数民族の民族薬物、熱帯植物など。
安寧市にあり、漢の時代に栄えた湾口都市合甫まで100kmばかりで南海路にアクセス。西北西に向かえば西南路の昆明

まで 600km 強。中越回廊で西南へ向かうと 330km ほどでハノイへ。

広西チワン族自治区の北部は、嶺南山脈が東西に走り、自然の要害で守られており、中華の力の及びにくい地域となっていた。

少数民族など多民族の集まる亜熱帯地域の独特の文化地域となっていた。古代より薬草の宝庫だったと考えられている。

## 医学・薬学には国境がなかった

当時、医学・薬学の先進国は、唐であり、インドであり、ペルシャであった。かつては、エジプト、メソポタミア、ギリシャやローマも医学最先端国だった。キリスト教を国教化し科学的な精神が衰えて、さらにローマ帝国も分裂や消滅で経済的な国力もなくなった。医学分野もササン朝ペルシャ時代にペルシャへ逃げ出してしまった。

中国は、紀元前 3000 年からの歴史があり、「神農」が自身の体を使っての薬の効果や薬害を実証したことを伝承している。湯島聖堂は、孔子廟として有名な儒教の教会であるが、11 月 22 日・23 日には例祭として「神農祭」を行っている。大阪の医薬品メーカーの集まる道修町にある「少彦名神社」でも、少彦名命とともに「中国医薬の祖神・炎帝神農」をお祀りし、11 月 23 日には「神農祭」を取り行っている。

インドは、紀元前1500年頃にはアーユルヴェーダというインド医学が生まれていたし、仏教が生まれた釈迦の時代、紀元前6世紀には、ヒマラヤ山脈の植物は薬草の宝庫であることが書かれていて、また同時期の「スシュルタ・サンヒータ」という医学書には、ヘルニア・白内障・整形外科など含めた42の外科手術の処方や125種の手術器具、さらに800種の薬草が書かれていた。

中に面白い話であるが、大きな長い鼻の整形手術が出てくる。『今昔物語』にも鼻の長い僧の鼻を短くする話があり、芥川龍之介の「鼻」のアイデアになっている。

ペルシャは、中国・インドの伝統医学ではなく、いわゆる西欧医学のもとになるものを作り上げた。ササン朝ペルシャ時代、271年にはジュンディシャープールという町に大学につながる学問の場・学院を創設した。5世紀には大学と図書館が作られ、アテネのアカデミア、エジプトのアレキサンドリア、キリスト教ネストリウス派、ギリシャ・ローマの学者などが迫害から逃れてやって来たものを受け入れた。西欧の学者たちの避難所となったという。
医学・天文学・数学などの研究の場であり、医学では知られている世界最古の医学教育病院でもあった。

最盛期のホスロー 1 世（在位 531〜579 年）は、有名な学者を中国とインドに送り、学者の招聘を行った。中国の訪問者は、薬草と宗教の翻訳を行い、インドからの訪問者は、天文学・占星術・数学・医学の翻訳を行った。

医学に関しては、世界の医学の知的集約のアカデミーが出来上がった。

その後イスラムに敗れたが、イスラムはバクダッドに同じような大学を作り上げ、そちらに中心が移ることになった。

医学は、中国とインド以外にも中近東に大きな中心があったのだ。

すでにそれらは融合し、高め合って、世界の医学としての最先端のものが、日本へも伝えられてきたのである。

日本では、漢方医学に対して和方医学なる概念を持ち出すが、実際には日本へ入って来た古代の医学は、漢方医学・インド医学にペルシャ医学まで融合していたグローバルに高度に発展した医学であったのだ。

『出雲風土記』の薬草の多さ。

それは出雲がシルクロード南海路の延長線上にあったからだ。

出雲に薬草を広めに来た少彦名は、その服に「ケルト文化」を象徴しているミソサザイの羽をつけて現れた。

仏教を伝える伝道僧や海の商人たちは、薬樹や薬草などを伝える役割をも果たしていたし、僧たちが医学書などの翻訳も務めていた。

古代の医学はグローバルだった。その中心は、インド、ペルシャ、中国だった。

# 第6章
## 繊維

### 1 絹

中国で絹織物が始まったということだが、この蜀の地域が絹の発祥の地であるという説が有力で、紀元前3000年頃にはその生産が始まっていたと考えられている。「蜀」の漢字も「蚕」から来ているという説がある。

絹織物は、古代ローマの輸入品の代表格の筆頭にあげられていた。それを運んだ古代の道がシルクロードであり、オアシス路以外にも南海路と西南路が重要な役割を果たしていたことを見た。漢の輸出税を逃れるように長安や洛陽を通らずに、蜀が直接輸出が出来た道であった。

当時の漢は、絹織物の生産に関しては、決して外には出してはならない国家機密に属する扱いをしてきていた。蚕を中国から持ち出したものには、死刑の罪が適用されたのである。にもかかわらず、『三国志』の中の「魏志倭人伝」の正始四年（243年）の記事に、「倭国」からの朝貢の物品のリストがあり、「倭錦」を筆頭に、赤と青の絹の布、絹の綿を入れた衣服、絹の布と続くのである。

しかも、相手は後漢に続いて中国の北部を治めていた魏国で

ある。その魏国の敵国にあたる蜀の国の特産物が絹織物だったわけだ。「倭錦」は蜀から「特許使用権」を与えてもらったのか？　それとも独自に開発したのだろうか？

蜀の作る「蜀錦」は品質が高く、色鮮やかで、デザイン性も優れていた。
蜀は、魏・呉へ使いを出すときにはこの「蜀錦」を持参した。魏の曹操が、部下の左慈に蜀に錦を買いに行かせる話があるし、また呉も蜀に錦を求めさせている。また周辺の他民族には「下賜品」として使い、そのブランドを広めていたとされる。政治的に使えるくらい「蜀錦」という絹織物は敵国からも垂涎の的とされていたのだ。
市場で高値で売れたのはもちろんのことである。ローマ帝国はじめとした、蜀が外貨を稼ぐ輸出品でもあったわけである。
蜀は人口が100万人ほどの国であるが、10万人の軍隊を送れるほど財政が豊かだった。蜀の軍事費は「蜀錦」で賄われていると『蜀中広記』に書かれていたと伝わっている。
蜀の都である成都の南に流れる錦江が、その染色を行うに適した水質だったという。幅広の反物も作っていたという。

**倭錦**
「倭錦」はやはり高級な絹織物のブランド品だったと考えられる。

弥生時代の後期だが、倭人の服には麻が用いられていた。倭人の風俗の表現から分かる。決して絹織物は着ていなかった。恐らく、貿易外貨を稼ぐ輸出品だったのではないか。

しかし、なぜそれを魏へ持参したのかはよく分からない。魏からの輸出品にしてもらう売り込みだったのだろうか？　倭の力の誇示だったのだろうか？

では倭錦はどこで作られていたのだろう。

弥生時代の遺跡の中で、絹製品が発見された 12 の遺跡は全てが北九州にある。しかも福岡平野を中心とした福岡に 10、吉野ヶ里など佐賀に 2、合わせて 12 遺跡である。

最も早い早良区の有田遺跡では、紀元前 2 世紀のものだ。

まだ中国との国交があったわけではない。ということは、可能性としてはリスクを冒して誰かが中国から伝えたのであろうか。

あるいは蜀で絹織物を作っていた職人たちが、戦乱から逃れて倭国へ渡って来た、という可能性もあるかもしれない。後漢末には、4973 万人あった人口（後漢 144 年戸籍「冊府元亀」）が、三国時代には 1000 万人を切るくらいまで人口の減少があった。この 4000 万人の人々は戦争、病気や飢餓で亡くなった人も多くいたが、それ以上に難民・流民となった。その人々の行き先はどこだったのだろうか？

さらに不可思議なことは、吉野ヶ里遺跡から出土した絹織物

には、当時ローマで皇帝の色として流行っていた「紫」の絹布で、特殊な紫の染料貝紫を使って染めたものであったという（『邪馬台国時代のクニの都　吉野ヶ里遺跡』七田忠昭 新泉社）。

この「貝紫」とは、アッキガイという巻き貝のパープル腺から分泌する「プルプラ」を染料として使うものだ。フェニキア紫ともよばれローマ皇帝カエサル（シーザー）のマントやクレオパトラの船の旗などに用いられた貴重で高価な染色だった。フェニキアは、貿易立国であったが、紀元前15世紀頃には57色の染色技術を持った繊維の先進国でもあった。そのノウハウが、どうやって吉野ヶ里へ1～2世紀頃に伝えられたのであろうか？　誰がその技術を伝えたであろうか？ローマ帝国とも貿易していたインド商人たちが、南海路で持ち込んだとしか考えられないのだ。

その証拠は、先に見た「エリュトゥラー海案内記」で、インドからローマへの輸出品の中に「紫染め繊維」が出ていた。色を指定しているものは他にはなく、「紫染め」が特別な交易品であったと考えられる。

その紫染めの特別な交易品が、このアッキガイのプルプラの染料で染めた繊維だったとすればどうだろう。

中国は漢王朝である。赤色が高貴な色として、王朝にもてはやされていた時代である。まだ紫色の高貴な色は、隋唐時代

まで待たなければならない。

もしかしたらインド商人がローマ向けの絹織物やマントを
「倭」へ発注して作らせていたのかもしれない。

三国時代の戦国の世を逃れて、平和な日本へ蜀の工人など技
術を持った人が渡って来たということも考えられる。

「日本へ行けば、安全に仕事が出来る」、そんな言葉に蜀や呉
越の人々がインドの商人たちと一緒に渡来してきた。その人
たちが作った紫染色の絹織物を、倭国からローマ帝国へ輸出
していた、というのは単なる空想だろうか？

## 2　綿

### インド更紗

着物ファンならよくご存じだが、着物を着なくなった現代で
は分かる方も減って来ている。異国情緒あふれるエキゾチッ
クな模様と鮮やかな色彩が魅力の更紗。日本で爆発的に普及
したのは江戸時代だ。

更紗とは、インド発祥の木綿布に独特な文様を多色で染め上
げた布のことだ。その歴史は古く、紀元前2000年頃に栄えた
モヘンジョダロの遺跡からもインドの綿と思われる布が発見
されている。インドの古代染色技術と共に、メソポタミアに

も輸出されていたらしい。

それが更に染色技術が大きく進歩し、多色の鮮やかな色を使い新しいデザインが提供された。13〜14世紀にはエジプトへ、15世紀には欧州へ、16世紀からは日本へも輸出された。欧州でも日本でも、その大胆な文様が大人気となった。

日本でも同じものを作る試みをしたが、「木綿に多彩な色を染めるという技術は、簡単に真似ることは出来なかった」（『こわたり　さらさ』佐藤留美　五島美術館）

当時、インドのコロマンデル海岸（綿と染色の名産品）にあるオランダの東インド会社の商館では、日本向けの更紗が頻繁に輸出されていた記録が残る。日本の鎖国中だが、オランダ出島での交易が許可されていた中、17世紀末から18世紀初めにかけての元禄景気の人気商品だったのだ。
日本からは銀で支払われて、その集まった銀でオランダは中国製品を買いに行ったという。

NHKの大河ドラマ「おんな城主直虎」で、井伊家では16世紀戦国時代の半ばからインドから来た綿を生産したという話が紹介された。
それがきっかけなのかどうか分からないが、井伊家のコレクションとして、17世紀〜18世紀初めにインドから輸入した古渡り更紗の着物450枚（大半がインドからの輸入製品）が、

東京国立博物館に所蔵されている。日本にある古渡り更紗を
網羅するほどの、大変貴重な豊富なコレクションとなってい
る。
また名古屋の徳川美術館でも、インド製の更紗2枚が大切に
保管されている。

この江戸時代のオランダとの貿易は、主要な物品はインド製
品またはインドが集めた東南アジアの製品であり、更紗以外
には、砂糖、ベンガラ（インドのベンガル地方の酸化鉄で赤
色の顔料）、胡椒などの香料などが人気商品だったという。
鎖国時代にも、長崎では中国とインド（オランダの東インド
会社を通じて）との交易が行われていたのである。

## インドの更紗の染色の技術革新

「インド更紗の染料に用いたのは、インド特産である茜の根
です。ですが、茜の根の染料をそのまま木綿布に染色して
も、発色・定着させることは困難です。そこでインド更紗は
まず、ミロバラン（和名はカリロク）というインド原産の樹
木の実から作り出した液で下染めをします。そして、次に染
色したい色に合わせて媒染剤を塗ります。媒染剤とは、化学
反応により染料を発色させ、定着させる役割を持つもののこ
とです。茜の場合は、染色前に明礬（みょうばん）液を塗る
とその部分は赤色に、鉄塩を用いると黒色に、混合液を塗る
と紫色になるという化学反応が起こります。インド更紗は、

このような化学反応を利用して、様々な色を一度に染めることを可能にしました。

この技術は当時の世界にとっては革新的で、これまでになかった素材・色合いを持つ木綿布は、世界中に鮮烈な衝撃を与え、魅了していったと考えられています」

(「梶 古美術（Kaji's antiques)」のホームページより)

(作者注：ミロバラン、和名カリロクは、鑑真和上が中国からの出国時に持って来たものとして、薬草としても貴重な品で正倉院に残されている)


## 綿の始まり

綿・綿織物に関しては、いつから日本で生産されたのか、今でもよく分からないという。戦国時代には、井伊家で綿花を育て、織物にしたという記録もあるが、同じ頃1479年「筑前国粥田荘」にも綿の記録があるという。鎌倉時代には、高級品として出回っていたようだが、中国からの輸入であるとされている（『苧麻、絹、木綿の社会史』永原慶二 吉川弘文館）。

興味深い話がある。平安時代が始まったばかり、799年に綿花が愛知県に伝えられたことが、日本の正式な歴史書『日本後紀』に記されている。

三河国幡豆郡（現在の矢作古川の河口付近）に1艘の小船が漂着した。その船には1人の若者が乗っていたが、全く言葉が通じなかった。布で背を覆ってふんどしをつけ、左肩に袈裟に似た紺色の布を着けた服装であった。所持品は一弦琴と綿の種子が入っていた壺などであった。

「崑崙人だ」と言ったという。その後、この漂着者は言葉を習い、自分は天竺からやってきたことを伝えたというが、実際どこからやってきたかは、東南アジア、ペルシャなどの説もある。

崑崙人はこの地に住み、住民に綿の栽培を伝えた。さらに紀伊国、淡路国、阿波国、讃岐国、伊予国、土佐国、筑前国などで栽培方法を伝えた後、近江国分寺で僧侶となったという。崑崙人が漂着した地は天竺と改称され、その後「天竹」となった。

そして現在この地には「天竹神社」が創立され、棉祖神（めんそしん）として新波陀神（にいはたかみ）をお祀りしている。日本の綿の発祥地として、毎年10月の末頃に「棉祖祭」を行い、古式ゆかしい綿打ち儀式が行われるという。そして綿産業の関係者からの崇拝が高く、全国から棉祖祭に集まるということだ。

この新波陀神の「にいはた」は、チャム語「Ni Pah（ニーパハ）」＝「これは綿だ」から来ているという。チャム語はベトナムの中南部のチャンパ国（林邑国）の言語であり、チャム人がインド系の王や商人と共に創り上げた、1世紀から17世

紀まで存在した海運国家であった（第2章で取り上げた）。
チャンパ国の南の人たちは中国からは「崑崙人」と呼ばれていた。この崑崙人は、『日本書紀』の飛鳥時代にも何度か訪問があったことが記録されている。

ベトナム南部から来た「崑崙人」であり、「出身はインド」という意味だと整合性が取れる。インドの綿花が日本へ初めて伝わり各地へ展開したという記事が、日本の正式な史書『日本後紀』に詳細に記載されているのである。それほど重要なインパクトがあった事件であったと考えられるのだ。

最初に地蔵堂があったところへ天竹社を祀ったのが、1837年江戸時代末期である。ということは1000年以上の時を超えて、インドの棉祖神をお祀りすることになったことになる。先に述べた「インド更紗」が流行した18世紀中ごろよりもさらに100年も後のことだ。

地蔵堂には棉祖神の大切な伝説が引き継がれてきたのだろうか？　それとも9世紀から綿花の栽培がマル秘扱いで継続されてきていたのだろうか？

### 『三国志』「魏志倭人伝」の斑布
一つ目は、239年の「倭国」の女王からの使いが朝貢品として持参したリストに「斑布二匹二丈」とある。「まだら織の布」とされているが、これが綿の布の可能性がある。であれば、当時インドのほぼ独占的な特産品である。

魏王へ献上する品物として、単なる布を持ち込むことはない
だろう。「斑（まだら）」という言葉からは、「更紗文様」を連
想させる。まだらに色染めした高級綿布である。

インド特産品で、当時はローマ帝国などへも交易品として輸
出していたものだ。


この斑布を辞書で引くと、日本語でも中国語でも綿布となる
のだ。

斑布（『日本国語大辞典』）

〔名〕人物・花鳥などの模様を種々の色で染めた綿布。さら
さ。

斑布（「Bai du 百科」）

雑色に染まった木綿の布。


3 世紀の時代に、「倭国」では、綿花が植えられ、綿布を織
り、染色されて、魏国へ朝貢したのであろうか？　インドの
特産物であることを承知して受け取ったのであろうか？


**「木綿」**

古代の「木綿」は「ゆふ」と読み、綿花から作る木綿（もめん）ではな
く、和紙の原料の楮（こうぞ）から作る布のことを指す、とされてい
る。楮からつくる布は、「栲（たへ）」とも「妙（たへ）」ともいい、また「木
綿（ゆふ）」ともいうとされる。

そもそも楮から作る布は、大変強くて繊維が絡み合う性質が

強い。海女の潜水時の命綱に使ったほどだ。

当時、「綿」とは絹綿であり、蚕の内に近い短いくず糸で作る「綿（わた）」状の繊維であり、布団などに入れる暖をとるための繊維だ。その字を使って、命綱にするような頑強な布を指すのだろうか。

しかも「たへ」には「言語で言い表せないほど美しいこと」という立派な意味がある。『万葉集』には「白妙の」に代表するように「たへ」は116首にのぼっている。

それと同じものを、わざわざ「木綿（ゆふ）」と呼ぶだろうか。


『万葉集』336番「しらぬい筑紫の綿は　身に付けて　いまだは着ねど　暖かく見ゆ」

詠み人：沙弥満誓（奈良時代の朝廷に仕えた笠氏朝臣が出家して僧になった。この時は723年の大宰府の観音寺の別当と考えられている）。

当時、綿＝真綿（絹綿）であった。すでに真綿は全国各地で生産されており、「調」として特産品の税金として徴収されていた。にもかかわらず、「筑紫の綿」と限定的に『万葉集』に詠まれるだろうか。

「まだ着たこともないが、筑紫の綿は暖かそうだ」と歌うからには、今までの真綿（絹）ではなく、新しい筑紫の綿は「木綿（もめん）」を指しているとしか思えない。


もうひとつ、718年の「養老賦役令／調絹条」によると、安

芸国より「安芸の木綿」と記載されて、唯一品物の名前の中に国名が入った特別な調があったことが分かる。しかも、僅か正丁（税徴収対象の成年男子）あたり 4 両＝約 150g である。麻などと比較して少ないのである。大変貴重品だ。

そして「安芸の木綿」は、江戸時代の初め頃には特産品として育てられたのだ。

「当初は稲作も進んだものの、塩気の強い土壌でも育つ綿の栽培が始まると比較的利潤の大きい綿花栽培は一気に拡大。産品は、綿、綿糸、綿布など加工品を含む綿産業へと広がり、『安芸木綿』と呼ばれて、広島藩有数の特産品になりました」

（ホームページ「江戸の世の広島探訪」より）


（参考）養老賦役令／第 1 条　調絹条
「調の副物は、正丁 1 人に、紫 3 両（112.5g）、紅 3 両（112.5g）、茜 2 斤（1.2kg）、黄連 2 斤（1.2kg）、東の木綿 12 両（450g）、安芸の木綿 4 両（150g）、麻 2 斤（1.2kg）、熟麻 10 両 16 鉄（400g）、「けむし」（麻の一種）12 両（450g）」（ホームページ「現代語訳『養老令』全 30 編」より）


（参考）もうひとつの『万葉集』の「綿」
3354 番「伎倍人の　まだら衾に　綿さはだ　入りなましもの　妹が小床に（きへひとの　まだらぶすまに　わたさはだ　いりなましもの　いもがをどこに）」

詠み人：不詳

伎倍人は、浜松を中心に住まいした渡来人で、織機・治水の技術に優れていた。

浜松市の「万葉公園」では草木染を体験できる「伎倍の工房」が作られており、さらに万葉時代の植物300種類を育てている。染色に使う草木も多くある。伎倍の人たちは染色も行っていたのだろう。

上記の『万葉集』の歌では「綿」が「木綿」を指すのか絹の「真綿」を指すのか分からないが、その浜松が、江戸時代には日本三大綿織物産地として、遠州といえば「遠州綿織物」というくらい、織物業と染色技術に優れた地域となる。

戦国時代に苦労して綿花栽培を成功させた「おんな城主直虎」の領地井伊谷は、浜松城主今川家と三河の徳川家の中間地点、地域から行けば「遠江」まさに「遠州」だ。

その井伊家は、徳川に評価されて彦根城主となるが、江戸時代の「こわたり　さらさ」の貴重な着物を450着も保有していたという。

そして「天竹神社」がある三河に戻ると、「三河木綿」ブランドもその三大綿織物産地となり、中でも昭和初期には日本一にまで育ったのである。「三河」は徳川家康の出身地なのだ。

799年のインド人との「綿」のご縁が、江戸時代には天竺神社のご縁に、そしてインド産のインド更紗とのご縁に、そして明治から昭和20年代くらいまで、日本は世界の綿産業の

トップへと成長したのだ。

そしてこの繊維産業の発展の両輪となった機械産業の発展
が、世界のトヨタやホンダ（浜松市）を育てる基盤にもなっ
た。

## 3　染料

### 紅花

紅花は、原産地はアフガニスタンが有力で、エジプトやイン
ドにも原産地との説がある。

紀元前2500年のエジプトのピラミッドから見つかったミイラ
の着衣から、紅花による染色が見つかっている。紅花は、赤
や黄色の染料としてだけではなく、虫よけとしても効果があ
り、ミイラの服に紅花で染色したのであろうと推測されてい
る。

そこからか、魔よけの色としても使われており、インドでも
早くから赤色の染料として使っていた。

額の赤い丸い装飾はビンディと呼ばれ、既婚の女性のヒン
ドゥー教のしきたりだという。これには主に水銀朱が使われ
たが、紅花も使われ、サリーなどには赤色の染料として紅花
が多く使われた（インドでも紅花と茜が古代の赤の主たる染
料）。

インドの山岳地帯には、今も紅花の栽培が多くされているという。

中国の少数民族のカラフルな衣装や刺繍糸の染色を考えると、インドから雲南・蜀地方へ早くから伝わっていたとも考えられる。


司馬遷の『史記』の「匈奴列伝」の中に、匈奴の女性の化粧として使われていたことが載っている。紀元前2世紀のことである。

焉支山（甘粛省張掖市）で匈奴は紅花を栽培し、その赤色の染料から頬紅と口紅を作り匈奴の女性が化粧をしていた。前漢の軍に敗れて焉支山を失ったがために、女性が化粧も出来なくなった。

匈奴の王は、「我が焉支山を失うや、我が婦女をして顔色なからしむ」と嘆いたという。

この話から紅花の赤色を「臙脂」（山の名前と同じ）と呼んだ、という話が故事として伝わっている（「西河旧事」6世紀初め）。

また紅花からとった赤が、4〜5世紀の中国では多く化粧品に使われていたために「口紅」や「頬紅」の「紅」の語源になったようだ。


そして中国では後漢時代に、紅花の栽培が始まったという。それが日本へは、推古天皇の時（6世紀終わりから7世紀初

め）に伝わって来たと言われてきた。しかし、6世紀の後半
の藤ノ木古墳の石棺内から紅花の花粉が見つかった。花粉状
態で見つかったのだから、当時既に栽培されていたものと考
えられる。

紅花のことを「紅（くれない）」とも呼ぶ。これは、古代「藍」が染色の
最もよく使われていた染料であり、「藍」が「染料」の一般名
詞にも使われたという。
「呉から来た染料」⇒「呉の藍」⇒「くれのあい」⇒「くれな
い」となったという。

では呉には後漢時代に伝わったのか、もっと前からインドか
ら伝わっていたのか、それは分からない。しかし、「呉の藍」
というからには、化粧品ではなく繊維の染料としての用途
だったと思われる。そして、インドでは紀元前から使われて
いた赤系の大切な染料だった。その観点から考えると、当然
インドから南海路を通じて呉または西南路を通じて蜀への伝
播が早くからあったのではないだろうか。

**纏向から紅花の花粉**
そして驚くべき事実が、2007年10月2日の四国新聞社の
ニュースに掲載された。
奈良の纏向遺跡の3世紀中ごろのV字型の溝から、大量のベ
ニハナ花粉が検出されたという。

市の教育委員会が発表した。

染色の染料であると見られ、「中国との直接的な行き来の中で、最新技術だった染織が持ち込まれたのだろう。指導役の工人が来て、栽培までしていたかもしれない」。

中国との直接的な行き来は、当時「朝貢」という儀礼の外交が復活したばかりなのだ。その中で、指導役の工人を送ってくるという関係まで構築できていたのは、ちょっと無理がある。

後漢から三国時代にかけて、中国の戸籍から4千万人の人々が減少した激しい時代である。戦火を逃れた呉蜀の工人たちが、持ち込んできたという可能性もあるだろう。

それを指導したのがインドの商人たちであったかもしれない。

**纒向からバジルの花粉も**

もう一つある。2013年5月31日の毎日新聞社の記事である。纒向遺跡から、今度はバジルの花粉が見つかったという。

バジルはインド〜東南アジアが原産地であり、古代インドの医学アーユルヴェーダの中で長寿のための重要な薬草であった。

東南アジアの料理（タイ料理やベトナム料理）には頻繁に使われているハーブの一つでもある。それが中近東から地中海へ伝播し、イタリア料理（ジェノベーゼ）などにも多用され

るようになった。

さらにインドでは、ヒンドゥー教の最高の3神のひとつである
るヴィシュヌ神へ捧げる供え物であり、北インドでは葬儀の
時に死者へ供える。「聖なるバジル」と呼ばれていた。

そしてもう一つが、バジル染めとして茶系・茶色がかった黄
色系・グレイ系などに使える染料である。

公式には、バジルは日本へは江戸時代に薬草として入ってき
て、目のごみを取る薬として使われた。「目帚」と呼ばれた。
バジルの日本語名はない。

中国では「羅勒」と呼ばれるが、マイナーな香りの食品であ
る。

紅花もバジルもまさにインドの人々がわざわざ持ち込みたい、
インドにおいて大変重要とされた染料であり薬草でもあるの
だ。インド人商人の進出と共に栽培されていた可能性は高
く、当時纏向にはすでに薬草園があったかもしれない。

## 茜（あかね）

1970年の共立女子大学の家政学部の教授で文化財科学を専
門にされていた柏木希介氏と近藤憲子氏の『草木染の研究
（Ⅱ）古代赤色染料材料』によると、

―法隆寺に保管されている7世紀の遣唐使が持ち帰った広東
　錦

―鎌倉時代 12 世紀の作である鎧赤紐

共に、赤色はインド茜または西洋茜で染められたものである
と考察された。
色素の判定、耐光堅ろう性、退色性の 3 点で判断されたもの
である。
とりわけ、日本産の茜、蘇芳、ベニハナ、いちい、ひるぎは、
耐光堅ろう性で大きく落ちる。それに決定的なことは、分解
した色素が日本茜はサンプルとは異なるものだという。
中国の広東錦と日本の鎌倉時代の鎧の紐であるから、南海路
で運んでくることが想定される。


それにしても、唐時代の広東錦と鎌倉時代の日本の鎧紐が、
色素判定で同じ染料系で染められているという。600 年の時
の経過と、場所も異なる中で、染料の系統が同じだというの
は、偶然ではないだろう。
そして 1300 年と 700 年の時代の経過でも鮮やかな赤色を維持
しているということは、凄い技術力であったに違いない。
分析上は、インド茜か西洋茜であるとしか言えないのだが、
歴史的な可能性としては断然インド茜であろう。インドと日
本は南海路というネットワークで繋がっているのだ。
だからこそ、インド発の茜の染料が、唐の時代の広東錦にも
鎌倉時代の日本の鎧紐にも使われていたと考えられるのだ。
インドが、繊維産業の先進国であり、染色技術も特別進んで

いたことを物語っているものだ。


（参考）

その他南海路で持ち込まれたと考えられる染料

欝金：インド原産　黄色の仏教僧の衣の染料　不老長寿の
薬・茶、防虫（蚊を寄せない）　中国名は姜黄

棗：日本の棗は「インド棗」に近似（中近東から北と南両方
から）　食品・お茶とともに茶系の染料

蘇芳：インド・マレー原産のマメ科の赤色染料　奈良時代の
養老令で、紫に次ぐ上から2番目の冠の色に指定

五倍子：四川・雲南・貴州　黒色染料　おはぐろ（お歯黒）
として虫歯・歯槽膿漏予防

楊梅：雲南省（特にイ族自治州）　日本は徳島の特産（70%
のシェア）　黄色の染料

丁子：モルッカ群島特産品　香料、口臭消し、灰色の染料

バジル：茶色・黄色・灰色の染料　長寿の薬・虫下し

# 第**7**章
# 紫草と「薬草園」

紫草は、日本3大色素とも言われ、古くから紫色の染料として使われてきた。またその根は、傷薬ややけど薬、痔の薬（「ボラギノール」などと同じ成分を持つそうだ）に使われた。7世紀初めには、聖徳太子の定めたと言われている冠位十二階の最上位の「大徳・少徳」の染料として使われた高貴な色であった。これは、大宝律令においても名前は変われども最上位の冠位として紫色は継続された。

その意味で、染料においても大変重要な染料であったであろうし、薬草としても重要だった。他にも薬草が、染料としても使われているというものが結構多くある。その代表選手として章を分けて取り上げた。

## 『万葉集』の紫野

『万葉集』に出てくる有名な額田王（天智天皇の皇妃）の歌
「あかねさす　紫野行き　標野行き　野守は見ずや　君が袖振る」
「紫野」は、「紫（草）」を育てる草園。
「標野」は、標識を立てた立入禁止の「禁野」であり、天皇

家の御料地であった。

そこには、「野守」すなわち立入禁止で、ガードマンが見張っていたのである。

この日は 668 年 5 月 5 日の遊猟の時の歌で、このことを「薬猟（くすりがり）」とも呼んでいた。推古天皇時代 7 世紀初め頃から始まっている。薬草を摘むのが女性の仕事になっていたそうだ。

7 世紀の後半のことであり、当時九州の特産品だった紫草が、京都や近江でも栽培を始めたばかりのころだと推測される。

そして平安時代は、京都の大徳寺のすぐ近くに今も地名として残る「紫野」の「禁野」があった。もちろん貴族のみの狩場であった。

## 紫草は九州特産品

これほど大切で貴重な紫草だが、九州地方の特産品であった。

『筑前国続風土記拾遺』18 巻に、筑紫野市の二日市村に残る「紫 1 丁目〜7 丁目」の地名が、「紫村古い異国より紫根を持ち来たり此の村に始て植え付けるより村名とする」とあり、これに基づけば、最初に植えられたのが筑紫野市だった。その市の名前にまできっちりと「紫野」が入っているではないか。

奈良時代の初期のころの木簡が、大宰府から出土している。大宰府の不丁地区という官営工場と考えられている場所から、186点の木簡が出土している。京（平城京）への「調」として、この「紫草」が際立って多く出ているのである。

筑前国の怡土郡、糟屋郡、遠賀郡（以上福岡）、豊後国の大野郡、海部郡（以上大分）、肥後国の山鹿郡、合志郡（以上熊本）などから、4500斤＝2700kgの紫草を集めているのである。なんと2.7tというけた違いの量だ。

九州では、かなり前から「紫草」を育てて来た薬草園が多く存在していたことを物語っている。

豊後国直入郡三宅郷（現大分県竹田市志土知）にも産地があり、「紫神社・紫八幡社」が今も残っている。紫草ゆかりの地にある神社であることを観光案内に入れている。現地名は志土知となっているが、古い地名は「紫土知」であったとも記されている。また10世紀の「延喜式」には九州有数の紫草の産地であると記されている。

この紫土知の紫草を使って、2002年の東大寺大仏開眼1250年の記念式典の法衣を染めたという。奈良時代の紫草の産地が、現代までつながっているのだ。

この地は奈良時代には大和朝廷の直轄地となり、当時は大宰府から役人が見張りとして来ていたという。このような立入禁止の標識を置き、標野として野守を置くほど大切にした紫

草の薬草園が、九州にはあちらこちらに既にあったということになる。

それは、高貴な紫色の染料を必要とする官位制度が、既に九州で7世紀には始まっていたと考えるのが自然だろう。そして聖徳太子の始めた冠位十二階の制度は603年に始まり、一番上の大徳・小徳は紫色だった。隋唐の時代を追随していると考えられる。始まった頃から約1世紀の間は、紫色の染料は九州が独占していたと考えられる。それは九州で冠位十二階がスタートした蓋然性を示しているものだ。

また、その生産の中心拠点である怡土郡には、官吏によって管理された大きな紫草園が存在していたはずである。

## 怡土城跡

怡土城は、現在福岡県の糸島市にある城跡である。14世紀に原田氏が城を構えたことが歴史上残っている。

しかし怡土城は、古代の山城で『続日本紀』に756～768年に山城として作られたことが出てくる。しかしなんともおかしな城なのだ。

怡土城の中の山の頂は、高祖山と呼ばれている。文字だけ見れば漢王朝の初代皇帝劉邦の「高祖」と同じだ。

糸島半島の伊都国の中心地であり弥生時代の王の墓が残る三

雲・井原遺跡から怡土城の土塁までほんの2kmに満たない。高祖山の山頂から眼下に見下ろすと、王墓が王妃と共に眠る墓陵が見える。

多くの遺跡が糸島半島内に発見されているが、やはり高祖山から半数以上が見渡せる絶好の位置にある。壱岐の島から入港してくる船もはっきりと見える。

怡土城は、その場所からは伊都国の中心にあり、その山の中にあって、防御として機能するのだと思われる。

しかし遺跡として存在しているのは、約2kmに及ぶ幅広の城壁である。城壁の幅は6mにも及ぶ。半端ではない防御力を誇っている。

多くの山城が北九州に集中して朝鮮半島の製造技術で建設されたのに、怡土城に限っては唯一古代の漢の技術（万里の長城に繋がる技術である）によるという。特徴は、土塁ににがりを使っている点だ。

しかも『続日本紀』に記事として出ており、奈良時代に作られた城だという。その理由・目的は何も書かれてはいないため、不詳である。

怡土城は、『続日本紀』によると756年着工し12年かけて768年に完成している。目的は書かれていない。遺跡物には、城の本体になる建物は見つかっていない。武器庫もなければ、戦闘員の居場所となる建物もない。見張り台のような望楼と

考えられている建物跡が5つ見つかっているだけである。その周辺からは鬼瓦と平瓦が出土している。その瓦を焼いたとされている元岡・桑原遺跡群では、瓦の焼いた時期の特定はできないが、周辺の古墳の遺跡の須恵器が7世紀を超えてはいないので、瓦もそれ以前に焼かれたのではないだろうか。8世紀後半の怡土城の楼閣の瓦では時期が合わないのだ。

しかも山城の見張り台に瓦は不相応ではないか。

城としての機能も不明、大宰府を防衛する水城や大野城などの「都城」機能との整合もまったく理解できない。6km南南西にある雷山の中腹にある雷山城との関係も不明。出土した瓦の時期も瓦を焼いた窯の稼働との時期が合わない。

これほど城を作る目的が分からない城も珍しい。

立派な城壁と見張りの望楼のみなのである。

## 仏教の聖地か

糸島半島の西には「可也山」があり糸島富士として崇拝されている。

頂上の「可也神社」には神武天皇が祀られている。インド仏教の聖地「伽耶」に繋がる名称である。

この可也山には大変古くからの仏教寺院が営まれていたと言い、江戸時代まであった華厳寺（東大寺の宗派華厳経の寺院と思われる）、明星寺などが廃寺となった。その明星寺の十一面観音木像が今も伝えられて残っている。

そして徳川家康を祀る日光東照宮の鳥居の石に、ここの可也山の石が切り出されたという。「江戸時代に黒田長政が徳川家康のために普請した日光東照宮の一ノ鳥居（石鳥居）です。柱の直径が約 1m もあり、江戸時代で日本最大級の大きさだったというこの鳥居は可也山から 15 個の巨大な石を切り出して造立されました」（糸島観光サイト・「つなぐいとしま」produced by　糸島市観光協会）。
家康と糸島は何かで繋がっていたのだろう。


**清賀上人**
怡土城から 6km ほど南南西にある雷山へ入った中腹に、「真言宗　雷山　千如寺　大悲王院」がある。
寺伝だが、成務天皇 48 年（178 年）、天竺（インド）の霊鷲山（釈迦の聖地）の僧「清賀」が開基したという。開山堂には、今も清賀上人坐像が祀られている。

時代が下がって聖武天皇御時に、天皇の勅願道場とされ七堂伽藍の寺となった、と『筑前国続風土記』に記されている。鎌倉時代の蒙古（元）の襲来の祈祷のころには境内に 300 の僧房があり、最も栄えたようだ。

清賀上人の名は、「雷山縁起」にも記録されて、垂仁天皇時代となっている。これでいけば、3 世紀末から 4 世紀初頭と

なる。

天竺の霊鷲山の僧で、早良郡・油山観音に椿油を取る製法を
伝えた。
ただし、年代が上記と全く異なり、油山観音正覚寺は、油山
の中腹にあり、天平年間（729年〜749年）にインド僧の清賀
上人が白椿で千手観音像を刻み一庵を結んだことが始まりと
言われる。
群生する椿の実から油を搾る製法を伝えたとされ、油山観音
の由来ともなった。
聖武天皇の勅令を受けて、千如寺大悲王院をはじめとする怡
土七カ寺を開いたとされる。

『雷山千如寺縁起』によれば水火雷電神や神功皇后ゆかりの
古跡であった雷山に精舎を建立し、本尊の千手観音を安置し
たとされる。

伝承などは中世から近世にかけての寺院などの縁起や伝承に
よるものだが、結構いろいろなところで清賀上人の名前が残
されており、しかも雷山にある千如寺悲王院から雷山へ登る
道の途中に、約1kmほどで「清賀の滝」があり、いつのこと
かは不明ではあるが、実在したのではなかろうか。

## 怡土七カ寺

—千如寺大悲王院：「筑前国続風土記」巻之 22　雷山

「聖武天皇の勅願所として清賀上人爰に寺を立て、霊鷲寺と
名づく。或は雷電寺共云り。後に改て千如寺と号す。是怡土
七ケ寺の一にして、其余の 6 ケ寺も皆雷山を以て本山とす」

—夷巍寺（いきじ）：724 年聖武天皇による創建と伝承。

『筑前国続風土記』巻之 22　一貴山

「僧清賀此の地にも寺を立て、一貴山夷巍寺と号す。怡土郡
七箇寺随一也」

—染井神社：染井山霊鷲寺は染井神社の境内に伽藍を構えて
　いた。聖武天皇勅願寺で、清賀上人が建立（『筑前国続風
　土記』より）。

神功皇后の三韓征伐のゆかりの「染井の井戸」もある。

—小蔵寺：熊野神社境内にあった。観音堂だけが残っていた
　が、1987 年に 2km ほど登った白糸の滝近くに再建された。
　現在は登山観光や紅葉でも有名。

—楠田寺（くすでんじ）

—金剛寺

—浮嶽神社（うきだけ）


この 7 寺を含めて合計で 27 寺に清賀上人の記録や伝承が残
る。

聖武天皇との関係が際立っており、また十一面観音像の伝承
が多く残る。

（「お寺めぐりの友」怡土七ケ寺より）

**薬草園か？**

立派な「城壁」には、水はけを良くする水路が通されている。大切な薬草園を守るための防御の土塁だったのではないか。薬草の買い付け人がやってきて、市が立っていたかもしれない。5つの楼閣に鬼瓦までつけていたのは、買い付け人などに対する権威付けかもしれない。

怡土郡の紫草の産地であったのではないか。


怡土城跡のすぐ近くに、泉屋六治という「シナモンティー」を通販で販売している会社がある。そのホームページにアクセスしたが、驚くことがあった。

そのシナモンティーは、本場の「セイロン・ニッケイ」という品種から作られているという。

まさにセイロン（現スリランカ）の原産で、特産品であり、香料としてローマ帝国などが大量に輸入していた時代ではないか。

しかもその木は、「国指定史跡怡土城の場内にあります。普段見ることが出来ないシナモンの森や、奈良時代に建立された薬草園の跡地を見ることができます」。

さらに「奈良時代に遣唐使によって造られた漢方園の跡地にて、漢方植物の栽培と加工を実施しています」とある。

シナモンの他に、杜仲や棗なども自生しているとのことであ

る。

「奈良時代から、受け継がれてきた、伊都国のシナモンの葉のみでお作りしたシナモンティー。紅茶などを添加していないためノンカフェイン。シナモンのほのかな香りをお楽しみください」（泉屋六治HPより）

## 古代山城について

7世紀後半に大宰府を中心にして九州に建造されたと言われている山城が、日本の正史に記録があるものが怡土城含め5つ、記録が無いものが8つある。さらに、瀬戸内海沿いにも記録されているものが5つ、無いものが5つあり、合計23の山城が造られたとされている。（地図P.185参照）
本当に、唐や新羅が攻めてくるとの危機感から、役に立つかどうか分からない地方にまで、慌てて山城を造っていったとは、どうしても信じられない。危機感があればあるほど、元寇の時のように、博多湾周辺の上陸ポイントに焦点を当てた防衛ラインになるはずだ。

### 屋島城

そこで遺跡調査の文献があった高松の屋島の山城を調べてみたが、城の機能はないと考えられていた。
古墳が多くある島で、頂上は四国遍路84番札所になってい

180

る屋島寺があり、最初は754年に北嶺の頂上に鑑真が開創したという。そして815年に嵯峨天皇の勅で空海が南嶺へ移し、再興したと伝わっている。

南嶺は南北に1km、東西に500mほどの平坦地があり、その中央に重要文化財に指定されている屋島寺がある。

屋島寺の西隣には、かつて低湿地帯があり、水田も見られたと言われているが、現在は観光地化して変貌しているという。

北嶺も、南北800m、東西200mほどの平坦地があり、中央にはやはり湿地帯が形成されている。

古代の山城跡とされている遺構は、南嶺と北嶺の間のくびれ部分の西側の谷間の出口で、渓流が流れる谷を塞ぐように大きな石塁があり、この石塁を指している。この谷は、大谷と呼ばれるが、「鑑真ケ谷」「弘法谷」とも呼ばれて、山頂の寺院との関連性を示している。

石垣は南北に約90mで、そこに城門や水門らしきところがある。

屋島の山城が、結局何を目的にして造られたのか、よく分からないままであり、谷間の90mの石塁だけで城の機能だとは到底思えない。海からの攻撃に対する防御になっていないだけでなく、山の防御にもなっていないのだ。

大正11年の香川県史蹟名勝天然記念物調査報告書には、「天

智時代の築城も海に対する防備ならば300メートルの山頂に城兵を置きては海との連絡甚だ不便にして殆どその要をなさざるべし」と書かれていた。当時から、目的が分からなかったのである。

この屋島の山城も、同様に「薬草園」の可能性が大きいことを指摘しておきたい。

とりわけ鑑真和上も弘法大師も薬学に優れ、薬草の知識も半端ではなかったことが記録されている。薬草に縁が深い二人の仏教の指導者が絡んでいるのである。

## 御所ヶ谷神籠石山城

福岡県の行橋市の神籠石山城についても、同じように防御目的ではないだろう。

約1kmの尾根を底辺にして三角形の斜面があり、その斜面の下の方に土塁遺構が渓流を堰き止めるように作られている。貯水施設とされ、排水溝と水門があり、上面はアーチダム状の弧を描いている。城門跡が7か所あり、中央には建物跡と思われる礎石があるが、城としての建物にはそぐわない。兵の居場所や武器庫、食糧庫などには小さすぎて役に立たない。それ以外に城としての機能を示す遺構は全くない。

中門からすぐのところに景行天皇を祀る「景行神社」があり、そこから下って北へ向かうと住吉池、住吉神社、真清姫神社、大島八幡神社が並ぶ。ここも宗教と関係がありそうだ。

そしてここには、県の天然記念物に指定されている「ヒモズル」というシダが自生しているという。ちょうど中門から住吉神社の間だ。

「ヒモズル」は、東南アジア熱帯植物のシダ植物であり、アカマツなどに絡みついて伸びていく「高湿植物」だという。育てるのに十分な水を必要とするはずだ。

古代には、名前の通り紐として使用していた、という。機能性がある植物として、意図して持ち込まれていたものが、現代まで自生して残っていたのではないか。


天草でも、倉岳の湿地帯で発見され、県の天然記念物に指定されている。


城の機能がない、石塁・土塁と水門、城門だけが、鬱蒼とした森の中にたたずんでいる。

やはり「薬草園」であったろう。少なくとも「城跡」ではない。

### 石城山神籠石山城
山口県光市にある。362mの山頂には石城神社が鎮座している。山頂付近に約2.5kmの土塁が繋がっている。城内の雨水を逃がすために、東西南北にそれぞれ水門がある。石が積まれている。

光市のホームページによれば、この「石城山には、『新ひかり名木百選』に選ばれた樹木や季節の草花など多くの植物が生えています」と書かれていて、興味深い。

—クロガネモチ：農具の柄として使う木で福岡県の久留米市、大野城市、古賀市、中間市の「市の木」である。薬草として解毒・鎮痛・止血。

—イロハモミジ：中国の薬草で関節痛・出来物の薬。

—ヒノキ：アロマオイル。鎮静・抗菌。

—ヤブツバキ：椿油。髪の毛の油。軟膏の基材。健康茶。染料。

—イタドリ：傷薬。痛み止め（名前が「痛み取り」からという説）。中国。

—ミゾソバ：タデ科。溝端に生える。ソバに似た花をつける。鎮痛、血止め、リュウマチ。

—アキチョウジ：シソ科。防虫剤。香料。

—ヒヨドリバナ：いわゆる「すかんぽ」、渓流沿いに生える。解熱、鎮咳。

なんと9つ挙げられていた現在自生している石城山の特別な植物のうち、8つは見事に古代における薬草だ。これは単なる偶然のこととは思えない。


## その他の山城

調べた範囲では、岡山県の鬼城山、大宰府の防御の要となる大野城・基肄城、そして熊本の鞠智城を除くと、どれも山城

## 古代山城

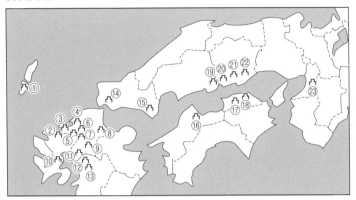

**九州**
①金田城（日本書紀 667年）
②雷山
③怡土城（続日本紀 756年・768年）
④鹿毛馬
⑤帯隈山
⑥大野城（続日本紀 698年）
⑦基肄城（続日本紀 698年）
⑧御所ヶ谷
⑨杷木
⑩おつぼ山
⑪高良山
⑫女山
⑬鞠智城（続日本紀 698年）

**瀬戸内**
⑭長門城（日本書紀 665年）
　（場所未確定）
⑮石城山
⑯永納山・医王山
⑰城山
⑱屋島（日本書紀 667年）
⑲常城（続日本紀 719年）
⑳茨城（続日本紀 719年）
㉑鬼ノ城
㉒大廻小廻
㉓高安城（日本書紀 667年）
　（場所未確定）

の機能はないようだ。

―全体に防衛ラインとしての目的が分からない（大宰府防衛
　や九州上陸の防衛のラインではない）。

―城としての兵士が集まる建物がない。食糧や武器の倉庫ら
　しきものもない。

―九州は山腹に多く、斜面や森の中、谷間など意味不明のも
　が多い。
―古墳、神社、寺などが多い。高良山は、高良神社の敷地内
　の設備だったとしか思えない。
―そして総じて水門や溜池・湿地などの貯水・排水に係わる
　機能がある。
鹿毛馬神籠石は、農村地帯の丘陵地で、山森神社があり周辺
1km に 10 ほどの溜池があり、その関係が疑われる。
雷山神籠石も溜池を挟むような南北の谷の水門機能に見え
る。


報告書が出ているところでも、いくつかは山城としての疑義
を提示しているところもあり、山城であることを必ずしも納
得して書かれていない。屋島城はその一つだ。


これらは、考えられる可能性として、守るべき重要な資源は
「植物」そのもの。薬樹・薬草・染料・機能性植物を植樹した
古代では重要な役割を持った「薬草園」であったということ
である。
古代日本の産業の中で、最も重要だった資源の一つとなった
ものが、「機能性植物」だったと思う。


今まで述べたことから、古代の産業にとって「機能性植物」
はいろいろな貴重な商品・製品の原材料となっているという

ことが分かった。

―薬品：古代の医療にとって薬の重要性は際立っていた。多
　くは植物性である。

―防虫：虫が媒介する伝染病が多かった。とりわけ蚊よけは
　重大だ。

―衣料：苧麻・大麻・亜麻・綿（生産されていたかどうかは
　不明）・木の繊維（楮など）（古代絹以外は植物性の繊維）

―染料：染料の多くは植物系染料。薬草ともダブるものが多
　くある。

―油：照明用・香用・食用・薬用。仏教が始まると消費量が
　莫大に増えた。

―香：不浄を嫌う仏教の必需品であり高級品

―香辛料：冷蔵庫の無い時代の食の文化に貢献

さらに、建築材、家具材、仏像、土木資材、船材、燃料材
（陶器・鉄器・銅器・ガラスなどの製造に膨大な木材・木炭が
必要）、紙、籠、容器（ひょうたん、竹筒、樽）、農具・道具
の柄、雑貨（ゴザ、帽子、紐、布、櫛……）、楽器の胴部
……などキリがない。


国土開発に向けて、「機能性植物のプランテーション」が大
きな産業であったに違いない。各地に「薬草園」が作られて
行ったと考えられるのである。

神社と寺院、地域の豪族が競争して作ったと考えられ、「怡
土城」は「倭国」の官営であったかもしれない。飛鳥時代に

は、朝廷の薬狩りが始まり、「禁野」が出来始めたことが、初めて正史（『日本書紀』）に書かれた。

日本の特色として、「植物」そのものが資源だったと思えるほど豊富だ。

土壌は、川沿いの肥沃な土地と火山岩に見られる水はけのよい土地。

気候は、亜熱帯性の湿潤で暑い太平洋岸・温帯性で乾燥して穏やかな瀬戸内海。

高度は、海水面から標高1000mを超す山地まで繋がる。

水は、大陸では高山でしか望めないような清水がいたるところに流れている。

日本は「機能性植物のプランテーション」を産業として広めるのに適した土地だったのだろう。

第 **8** 章

# 真珠

真珠の産地と言えば、古代から日本だ。

『後漢書』に出てくる「倭」の地から産出する特産品に、「白珠、青玉を出だす」とある。

この「白珠」こそ「真珠」であるとされている。

『万葉集』にも「白珠」として詠まれている。1世紀の時代には、真珠は中国の漢帝国に鳴り響く日本の特産品だったわけだ。

ちなみに「青玉」は糸魚川の「翡翠」であるとされ、実際に縄文時代からの日本の特産品であった。

### 古代ローマの産地：バーレーン

古代ローマ帝国時代。エジプトのクレオパトラの真珠のイアリングが、1000万セヌテルティウス（金にして570kg：8000円／gとして約45億円）の価値があるという話が出ている。

それほど、当時の真珠は高価だったというわけだ。

その物語は、1世紀のローマ帝国の軍人の政治家であったプリニウスが、ローマ皇帝に献上した『博物学』という書に出ているのだ。

その中で、「宝石」について書かれており、宝石の1位・2位

はダイヤモンドと真珠が双璧であると語られている。そして真珠は、「それを獲得するには、人命をも賭けねばならないような贅沢」とされている。

当時ローマ帝国で知られていた真珠の産地は、アラビア湾バーレーンとインド南端とセイロン島（現在のスリランカ）との間のマンナル湾だった。

一番良質な真珠が取れる貝は、当時からアコヤガイだった。今の養殖真珠と違い、自然に生息する貝に出来る真珠である。アコヤガイの特色は、深度20〜30ｍの海底それも砂ではなく岩盤に、ホタテ貝のように垂直に立ってへばりついているという。

潜水には、立った状態でロープに縛り付けられた錘に乗り垂直降下していくそうだ。体に付けた網状の袋にいくつも入れて、錘から離れて浮上する。それを何度も繰り返すわけだ。しかも自然の真珠だ。１万個取ってようやく数個の貴重な真珠が見つかると言われていた。

とりわけ、マンナル湾はインド洋と繋がって、人食い鮫も出没する危険地帯であったという。

それは「人命を賭けた」貴重な宝石だった。

（以上『真珠の世界史—富と野望の五千年』（山田篤美　中公新書）から要約）

バーレーンには、３つのユネスコ世界遺産がある。

—2005 年　バーレーン要塞－ディルムンの古代の港と首都
—2012 年　真珠採り、島の経済を物語るもの
—2019 年　ディルムンの墳墓群


これらは、全てが真珠の産地とかかわりあっているのである。
ディルムンは、紀元前 2300 年前から紀元前 1500 年頃まで、
メソポタミア文明とインダス文明の交易の仲介役として大き
く栄えた都市国家だ。ちょうどインダス文明と同じ時期にア
ラビア海に繁栄をした国家だ。
そのころから、バーレーンで真珠の採取と生産を行い、真珠
が大きな交易品となっていたと考えられている。出土した一
番古い真珠は、紀元前 2000 年頃と推定されている。
それを物語るように、真珠こそ発見されていないが、大半が
アコヤガイで構成される紀元前 2000 年頃の貝塚がバーレー
ンで発見されている。およそ 200m × 100m の敷地に深さ
90cm もの巨大貝塚である。


そしてその繁栄を物語っているものが、墳墓群なのである。
面積 770㎢の小さな島で、日本で言うと佐渡島と淡路島の中
間ほどの大きさである。そこに日本の古墳時代に作られたお
よそ 16 万基の古墳に対して、およそ半分にあたる 7.5 万基の
墳墓が集中しているのだ。真珠産業だけでなく、海の交易に
も参加していたのだろう。

この真珠産業は、20世紀の前半の世界恐慌と日本の養殖真珠による高品質かつ価格破壊で崩壊をしたという。真珠産業4000年の歴史を物語っている。

今は、誰もが知る石油王国である。

## 古代インドの産地

もう一つの産地南インドとスリランカの間にあるマンナル湾。既に中国漢王朝からローマ帝国までのシルクロードの南海路を通じて、中国の絹織物はじめとして、東南アジア、インド、ヒマラヤ、アフガニスタン、スリランカなどの特産物をローマ帝国へ運ぶ交易が盛んに行われていたことを見た。この中に、真珠も大きな外貨獲得の重要な輸出製品だった。

南インドは、紀元前4世紀頃から1500年以上にわたり、タミル人の支配するパーンディア王朝が存在した。盛衰があり力が衰えていた時期もあるが、真珠の交易は一つの大きな収入源だった。その意味では、真珠の王国と呼ぶにふさわしいとまで言われている。

インドの真珠の遺物は、ストゥーパ（仏塔）の舎利容器の中からしばしば出土している。古代には、舎利容器の中へ入れるあの世への副葬品だったようだ。

真珠が数十個から700個くらいまで糸で結ばれて入れられているのが出土している。真珠のネックレスには定義があっ

て、1008 個つないだものがインドラッチャンダ、504 個ヴィ
ジャラッチャンダ、64 個アルダハーラ……という。定義があ
るほど、糸で結んだ真珠が一般化していたことを物語ってい
る。

1〜2 世紀頃に出来たという「法華経」では、真珠は仏教の七
宝になっていた。宮殿や楼閣は、色とりどりの七宝の荘厳で
飾られていたことが何度も繰り返し書かれている。

紀元前後、インドとスリランカの間のマンナル湾の真珠は、
タミル商人が特上品を王権へ納め、残りをローマ帝国や漢へ
輸出する独占的権益を押さえていたと考えられている。
紀元前から南インドではローマの金貨が大量に出土し、3 世
紀頃から金貨の出土がスリランカへ移っていくという。貿易
の中心が移ったようである。

**日本以外のその他の産地**
もう一つ、有名な産地が中国・ベトナムにあった。
中国のトンキン湾とベトナムのハロン湾である。

明時代（17 世紀前半）に書かれた産業技術書「天工開物」に
よれば、中国の合浦（トンキン湾にある古代の港町）で古く
から真珠が取れたという記事がある。
原文「合浦在今广西，古以产珠出名」

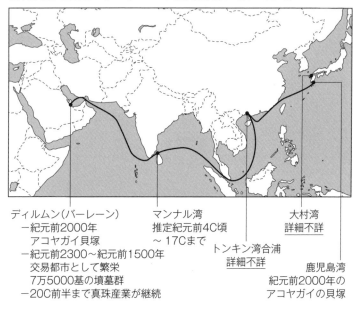

**古代真珠の産地：シルクロード南海路をつないでいる**

ディルムン（バーレーン）
　－紀元前2000年
　　アコヤガイ貝塚
　－紀元前2300～紀元前1500年
　　交易都市として繁栄
　　7万5000基の墳墓群
　－20C前半まで真珠産業が継続

マンナル湾
推定紀元前4C頃
～17Cまで

トンキン湾合浦
詳細不詳

大村湾
詳細不詳

鹿児島湾
紀元前2000年の
アコヤガイの貝塚

不思議と他の資料が見つからず、産地があったということだけであり、国営か何かで情報も統制していたのだろうか。
現在、海南島南部海岸で真珠の養殖が盛んであり、ベトナムのハロン湾でも細々と続いている。

## 日本の古代真珠産業

では日本ではいつごろ始まったのか、実は分かっていない。

『後漢書』では、既に真珠のことが「倭」の特産品として書かれているので、紀元前から真珠を採集していたのだと考えられる。

中国の『後漢書』（1世紀）以降の『三国志』『隋書』『旧唐書』など、全て日本が真珠の特別な産地であることを述べている。

中でも『三国志』「魏志倭人伝　倭人」で、年代が247年のすぐ後の頃になるが、「倭の使いが魏の都にまで行って、男女の奴隷30人を献上し、白珠五千、青い大勾玉2個、珍しい模様の雑錦二十匹を、貢物として差し出した」とあり、これは真珠を朝貢品として奉ったということだと言われている。

それにしても、真珠の見つかる確率が多く見積もって1％としても、「五千」ということは50万個のアコヤガイを採取したことになる。すごい数だ。

日本の独自の確かな記録では、奈良時代8世紀になる。そして東大寺正倉院にも、聖武天皇の遺品など4000個を超えるアコヤ真珠が保管されている。遺物から見える真珠は、奈良時代になって急激に広がったともいえる。

だが、日本の真珠も記録や遺物から、事実は全く語られていない。

『古事記』の編者として有名な太安万侶の墓（723年没）が、

奈良市の春日大社の東裏山から1時間ほど歩いた茶畑で発見された。火葬したお骨が入った骨壺と共にアコヤ真珠が4個、そして墓誌が出土した。副葬品が真珠4個と墓誌だけということで、これもまた不思議な遺品と言える。

火葬されており骨壺があったので仏教徒であることは間違いないだろうが、骨壺への真珠の副葬は「インド的な風習」そのものなのだ。

しかるに古墳時代を通じて、副葬品の中に真珠はほとんど出土しない。

学説では、(1) 奈良時代までは外貨獲得のために中国への輸出品専用とされていた。(2) あまりにも貴重品であり宮内庁管轄の天皇陵に副葬されたので、まだ出土されていない。というものである。真実は分かっていない。

奈良時代8世紀になって、『万葉集』が出版され、そこにいくつかの「白珠」の歌が歌われている。筑紫、奈呉の海（富山県）、近江（琵琶湖の淡水産）などが産地として歌われている。

そして真珠の産地として推測されているのは、『肥前国風土記』（記事の内容から732年〜740年の間と推測されている）に出る「彼杵の郡」（長崎県の大村湾岸）で、地元の豪族（土蜘蛛*）二人から真珠らしき「玉」をそれぞれ2個、3個

が景行天皇に献じられたというものだ。

一人目は、二色の玉で「木蓮子玉」（黒い実のような色）と「白玉」。もう一人は、美しい三種類の「三色の玉」。なので、真珠らしいが確証はない。

「彼杵の郡」は大村湾の沿岸の地域であり、現在の養殖真珠の発祥の地と言われている。現在も真珠の産地なのだ。静かな湾であり、水質や深さなど真珠養殖に適しているという。長崎県は、真珠生産量第1位を愛媛県と争い、2021年には久しぶりに1位を奪還した。

＊土蜘蛛は、ヤマト王権に恭順しなかった土豪たちのこと。

## アコヤガイの養殖の可能性

大村湾であれば、古代からアコヤガイが養殖されていた可能性もあるかもしれない。

ローマ帝国時代には、海水を引き込んだ池でオイスターや魚の養殖をしていた跡があり、これほど貴重な宝物のアコヤガイを養殖しようと試みないはずはなかっただろう。

ただし、あくまで真円真珠の養殖生産ではなく、アコヤガイの小貝を集めて育てるという貝の養殖である。

大村湾は、その意味で対馬海流に乗って流れてきたアコヤガ

イが、自然に流れ込むのは極めて難しい地形なのである。

環境省のホームページでは、「本湾（大村湾）は、佐世保湾を介して針尾瀬戸および早岐瀬戸のみで外海と通じている、非常に閉鎖性が強い湾です」とある。

それは佐世保湾の湾口幅が2.4kmしかなく狭まっているうえ、佐世保湾から大村湾への二つの瀬戸の内、早岐瀬戸は水深4mで最短幅が10mの通路で、針尾瀬戸の幅も最短170mしかなく、針尾島でちょうど塞がれていると言える。

佐世保湾の潮位差が3mほどあるのに、大村湾の潮位差が1mばかりしかないということもその証である。水を湾内へ引き入れる能力はそれほど大きくはないのである。そのため、対馬海流で流れてきたアコヤガイを外洋から佐世保湾へ、そしてさらに大村湾まで引っ張ってくる吸引力は極めて弱いのだ。反対に養殖をしても流れ出ていくリスクが少ない。

大村湾は天然の海洋性の養殖に向いている湾だと言えるだろう。

かつて古代の日本の真珠も、アコヤガイの養殖によって行われていたとなると、「世界のアコヤガイ養殖産業」があったのかもしれない。大変ロマンに満ちている。

そして、大変重要な点だが、バーレーン、マンナル湾、日本の真珠、全てが同じアコヤガイであるという。アコヤガイも、2万キロの旅をしていたのだろうか？　各地で違うDNAか

ら育ったのだろうか？

## 鹿児島湾のアコヤガイ

そこでもう一つ大変興味深い鹿児島県の真珠の話をしておこう。

現在の真珠産業は長崎・愛媛・三重の3強が寡占しているが、鹿児島県は現在でも真珠の生産高第5位である。

## 縄文時代の真珠－鹿児島

鹿児島湾の沿岸には、アコヤガイが出土した縄文時代の貝塚が3つある。

―鹿児島湾の西岸（鹿児島市）　草野貝塚
―中央部の桜島（鹿児島市）　　武貝塚
―東部の海岸（垂水市）　　　　柊原貝塚

その中でも、まず草野貝塚からは、日本最古のアコヤ真珠が8個発見されている。直径が、2mm台から5mm台の円形のものである。アコヤガイを食した残りの貝に付着していたものと考えられてきた。

鹿児島市立ふるさと考古歴史館のホームページによると、「大量のアコヤ貝の破片と共に、貝から遊離した真珠や、貝に付いたままの真珠が発見されました」とある。

一方の柊原貝塚を見てみると、約930㎡もの貝塚が4〜5mも層をなして広がっている。アコヤガイの層には、ほとんどがアコヤガイだけであり、ある季節にはアコヤガイだけを採集し、破壊して捨てていた跡だという。真珠は発見されていない。

この調査を担当した調査員は、集中的に採取し、加工を行っていることから、真珠の取得を目的に採取されたと考えられると指摘している（『真珠の世界史—富と野望の五千年』山田篤美　中公新書）。

これは、まさに先に見たバーレーンの貝塚に似ており、アコヤ真珠採取が縄文時代の後期、紀元前2000年頃には始まっていた、とも考えられる。バーレーンの時期とちょうど同じ頃である。

同じ紀元前2000年頃、1万km近くも離れた場所で、アコヤガイを使った真珠採集したとみられる貝塚が見つかっている。偶然なのだろうか？

その後バーレーンは20世紀に入るまで世界にアコヤ真珠を供給してきたが、鹿児島湾のその後の展開は不明である。

## 上甑島「ナマコ池」のアコヤガイ

鹿児島県と言えば、もう一つアコヤガイで面白い話がある。

いちき串木野市から西方35km～50kmの東シナ海に北東から
南西へ斜めに約35kmの島がある。甑島と呼ばれ、上甑島・
中甑島・下甑島の3島からなる。
最近は、美しい海を活かしてダイビングが気楽に楽しめ、海
の幸を売りにした観光の誘致もされている。
その中に、長目の浜という景勝地があり、ナマコ池・貝池・
鍬崎池と海岸沿いに約4kmにおよび海とそれらの池を隔てる
幅が100mほどの砂浜の橋が続く。言ってみれば、これは自
然が造った海の堤防橋のようだ。その砂地を通して海水が行
き来することができるため、池は海水の塩分を含み汽水に
なっていない。池には、海の生き物が育っている。

そのナマコ池に、アコヤガイが群生しているという。海から
遮断されている海水だが池である。自然に繁殖したとは到底
考えられないのである。
さらに、江戸時代に薩摩藩が、長崎の大村湾から「ナマコ」
を運んできて、この池に投げ入れたことからナマコも育ち、
名前も「ナマコ池」と言われるようになったとの伝承がある。
ナマコは、今も繁殖している。
そして大村湾のナマコは、現在も「日本一美味しい」という
キャッチコピーもある特産品となって、長崎県の60%のナマ
コを産出している。

ナマコは、いろいろなところで試されているが、水の浄化を

するのだそうだ。底にある砂や土と共に底に住むバクテリアを食べて、砂や土は吐き出す、したがってバクテリアを摂取する。それが水の浄化につながる。貝の養殖に必要な自然の浄化機能だったと考えられる。

となると、江戸時代に薩摩藩が行っていたのは、アコヤガイの養殖だったという可能性が高くなる。「ナマコ池」は、海の水が入り込む自然の「養殖池」であり、その水の浄化のためにナマコを投入したのではなかったか。

大村湾は、古代からの真珠の産地と言われている。その大村湾と、上甑島のナマコ池が、アコヤガイとナマコで見事に時空を超えて繋がっているのだ。

真珠のビジネスになっていたかどうかは何の証拠もないが、少なくともアコヤガイとナマコが海と隔離された海水湖に生息していること、それは人の意思によって行われたこと、そして大村湾のノウハウが生かされていたこと、それは確実だろう。

沖縄科学技術大学の研究で、
南西諸島のアコヤガイのゲノム
日本列島のアコヤガイのゲノム
は異なり、日本列島のアコヤガイは中国・南西諸島のアコヤガイから遺伝的に分岐をしたものであると判断された。

さらに鹿児島県の上甑島のアコヤガイは遺伝的に特有なもの、と判断された。かなりの年月が経ったものと思われる。長い間、養殖がおこなわれていただろう。

## 平安から江戸時代の真珠

最後になるが、ほとんどが真珠会社のホームページからで確証はないが、そのような産業だったのだろう、と想像できる内容である。

11 世紀前半に書かれている宋代の勅撰書『冊府元亀』に「開成 3 年（838 年）12 月、日本国遣唐使貢進真珠絹」とある。平安時代初期の遣唐使の正式な貢物リストには載っていない。リストに載せないほどマル秘事項の真珠を皇帝に献上したということだろう。よほどの貴重品だったと考えられる。中国の真珠の産地が、文献に出てこないことでも分かる。

明治時代の外務省の記録「外交志稿」によると、11 世紀から 12 世紀、薩摩の人は真珠や水銀、牛馬を輸出品として高麗と貿易をしていたという。

有名なマルコ・ポーロの『東方見聞録』で日本は「黄金の国」と紹介されたが、同時に「真珠」の産地でもあると紹介され

ている。銀座綿津見真珠（GINZA　WATATSUMI）のホームページ（ginzawatatsumi.com）からの引用となるが、

「13世紀のマルコポーロの東方見聞録も日本の真珠のことを語っています。日本について、チパングの住民は、肌が白く礼節の正しい優雅な偶像教徒であること、住民が莫大な金を所有していることを述べ、次のように続けています。

『この国には多量の真珠が産する。ばら色をした円い大型の、とても美しい真珠である。ばら色真珠の価値は、白色真珠に勝るとも劣らない。この国では、土葬と火葬が並び行われているが、土葬に際しては、その富の真相はとても筆舌にはつくせない』」

とあり、土葬の死者の口に真珠を含ませる風習が継続してあったことが想定できる。

このインド発の風習が、今も一部の東南アジアで残り、日本の志摩地方にも残っている。


戦国豊臣秀吉の時代、1582年に九州のキリシタン大名たちがローマ法王へ少年使節団を派遣した。その時のことが次のように書かれている。

園田真珠のホームページによれば、「長崎県は、古くから真珠とのつながりが強く、大村十八代藩主純忠公の頃、遣欧少年使節団派遣の際、ローマ法王に天然真珠を献上したとされております」とあり、ローマ法王へ献上するほど、長崎県大村湾産の日本真珠のブランドが高く維持されていたというこ

とになろう。

そして現在でも、大村湾だけでなく、対馬、五島列島、九十九島でも真珠の養殖がおこなわれており、その地域は「リアス式海岸という独特の地形を活かし、波が低く穏やかな海面は、きめが細かく良質な真珠をつくるのに最適な養殖場と言えます」。
全てが南海路から継続する日本海への海路上なのだ。

そして日本における真珠産業こそ、国家の最高の機密となるべき特別な「外交の武器」ともなる貴重品だったといえる。

真珠産業が縄文時代から 20 世紀に至るまで、海の人たちによってグローバルに育まれていた可能性も否定できないのである。
アコヤガイのロマンは尽きない。

紀元前頃より真珠の交易の中心は、南インドのタミルの商人たちであった。
その利権の大きさは、想像をはるかに超えるものであったのではないだろうか。

2000 年以上の時を経て、核を入れて確実に真円の真珠を作り出す技術革新によって日本が真珠の世界市場を席巻するこ

とになったのである。

## 第9章

# 舟山群島

## 徐福伝説

徐福伝説のことが、『後漢書』の「東夷伝　倭」の項に書かれている。

秦の始皇帝が、徐福に東海の島へ蓬莱（不老不死の世界）を探しにいくように命じたが、戻らなかったという中国における伝承が『後漢書』という正史に書かれている。

しかし日本では、「そのような事実は考古学として証明されていないこと」故、単なる伝承とされている。紀元前3世紀のことであり、もちろん日本では文字としての記録は一切ない。

また『後漢書』では、徐福が始皇帝の命令で「倭」の島へ向けて出発し、そこに留まり繁栄した、という。その人々が、時に会稽の市場にやってきている、というのである。

秦の始皇帝の墓が見つかり発掘されたが、その大掛かりな仕掛けは「不老不死」を追い求めていた時の皇帝を彷彿させるものだ。「兵馬俑」と呼ばれ、実物大を超える始皇帝の軍隊8000名の埴輪をはじめ、エジプト・クフ王のピラミッドと並

び称される規模で、棺は地下30mもの深い地下室に埋葬され
ていた。1974年に発掘され、今でも発掘作業が進行している
という。

中でも、地下30mの埋葬された周辺には、水銀の海が一面に
造られていたことが証明された。水銀は、その当時には不老
不死の最高峰の丹薬の原料であった。当時の皇帝や王、権力
者たちの追い求める薬であった。

始皇帝が、徐福を蓬莱の国に不老不死の薬を求めさせたのは
全く不思議なことではないのである。


歴史学者、考古学者は、揃って「そういう徐福伝説に関する
事実の証となるものはない」と否定しているが、

1　秦の始皇帝が不老不死の薬を求めていたこと。

2　『史記』という信頼性の高い書に「徐福」という名前まで
記載し、極めて具体的に書かれていること。

3　朝鮮の済州島にも、不老不死の薬を見つけることが出来
ず、西へ帰るという伝承が残っていて、南の海岸には「西帰
浦（ソギポ）」という名前が残っていて、済州島の南半分は「西帰浦
市」となっている。西帰浦港があり、徐福の船が出て行った
と伝えられている。

4　日本でも、極めて具体的な伝説となって、全国各地に
残っている。とりわけ九州西海岸や和歌山などでは記念樹・
記念碑・公園・さらには銅像やお墓までとそろいにそろって
いる。

実際に佐賀県佐賀市、福岡県八女市、鹿児島県いちき串木野市、和歌山熊野市や新宮市、京都府伊根町など、地元の人たちが徐福を今日に至るまでお祀りしているのである。

地元の人々にとっては、ご利益をもたらしてくれた有難い人々が渡って来た、ということは事実だったのではないだろうか。

（作者注：佐賀市金立山に自生するカンアオイは、古代薬草として鎮静薬として使われたもので、佐賀では「ふろふき」と呼ばれている。徐福の伝説と共に「ふろふき」＝「不老不死」と伝えられてきている。その他各地共に、具体的な伝承が伝わっている）


## 舟山群島

徐福伝説に関する『後漢書』の記載である。

「会稽（杭州紹興の周辺）の海外に東てい人有り。分かれて20余国となる。又、夷洲、澶洲あり。伝承では、秦の始皇帝は神仙方術家である徐福を遣わして、童・男女数千人を率いて航海に出て、蓬莱の神仙を求めたが、見つからなかった。徐福は死刑を恐れてその島に留まって、本国へは帰らなかった。次第に子孫が増えて数万家になった。人民は時に会稽の市にやってくる」

「東てい人」の「てい」という字は、魚＋是と書く。意味は、「大きなナマズ」ということなのだが、同じ意味で同じ読みで、魚＋夷という字がある。そこから、「東てい人」というのは東にいる「夷族」のことを言っているのだろうと推測されている。

「会稽の海外に」と言えば、学説では琉球諸島などが候補とされている。しかし、近すぎると言われるかもしれないが、「立派な一国」を為せる島々がある。舟山群島である。古代の中国の国にとっては、「東夷の人々」が実際に暮らしていた地域なのだ。

Wikipediaによれば、「浙江州舟山市を構成する1339の島々、陸地面積は1371平方km」とあり、面積として、大阪府よりは小さいが沖縄本島よりは1割ほど大きい島々からなる。今は立派な中国の市の一つとして「舟山市」となっている。
何年か前に、舟山市の沈家門漁港から漁船の大船団が出航し、日本でも有名になった。

本土の寧波市の海岸から、最大の島である舟山島まで30kmほどであり、現在はその間にある二つの島を経由して橋がかけられており、本土と車で行き来ができる。

舟山群島の歴史は大変古い。

対岸にある明州（現寧波市）は河姆渡文明の中心地であった。紀元前5000〜4500年前の新石器時代の文化である。揚子江（長江）の河口に近く、稲作を大規模に行っていた。

その影響だろう、舟山群島も5000年前に遡る稲作水田の遺跡が出ている。日本への稲作の伝播した一つのルートが舟山群島からという説もある。

ちょうど対岸の明州は、遣唐使の時代に北九州から出発した遣唐使船の目指す到着地であり、その受入れ港であった。日本（博多湾⇒五島列島）から直接中国へ向かう時の、古代の「海の路」の到着点であった。

舟山群島は、漢の時代にも帝国の地方自治となる郡県などはおかれず、世界大百科事典（コトバンク）によると「甬東（ようとう）」と呼ばれて、僻地として流刑の地とされていたようだ。

唐の時代に初めて地方自治の機関として翁山県が置かれた。それは738年のことだ。

しかし翁山県は、764年に廃止された。762年に江蘇省で起こった袁晁による農民の大反乱によるものだ。20万人の農民たちが舟山諸島を中心として蜂起した。疫病の流行の中8年間取り立て出来なかった税金を強制取り立てしたことによるものだった。

袁晁は自らを皇帝と名乗り「宝勝」という年号まで発布して

唐に反逆し、大きな反乱となった。755年の安禄山の反乱と
共に唐を揺るがす事件であったという。

この反乱のバックには舟山群島の海上勢力（海の民）があ
り、反乱は鎮圧したものの764年には翁山県を放棄せざるを
得なかった、というわけである。


## 新羅商人の活躍

この東夷の海の民こそ、朝鮮半島の西南海岸に住まいしてい
た「呉・越・（楚）」などの海洋避難民であり、百済国の遺民
であったという説がある（『海のシルクロードとコリア』張允
植　雄山閣）。

その証拠は、8世紀から9世紀の前半は、新羅国（朝鮮半島
の統一後であり、百済の遺民たちの多くも新羅国が抱えてい
た）が、その統一新羅人（元百済人を含む＝呉・越・楚から
の百済への帰化人など）を使って、広州以北の東シナ海と日
本海の制海権を持つほどの力を持った「海の商人」として活
躍していたのだ。

714年に唐が対外交易を公認する市舶司を広州に設けた。広
州には、海外からの商人たちが多く来航し、蕃坊という特別
な外人居留区を設けた。ペルシャ人、アラブ人、インド人を
中心にして、ベトナムのチャム、モスリム（イスラム）商人

まで含まれていた。

百済滅亡後も、朝鮮半島の西南海岸にいた海の人たち、旧百済人は東シナ海の制海権を築きあげて、中国広州から以北の港を抑え、朝鮮半島南西岸と日本北九州の三角貿易で力をつけた。それらが新羅商人の中心だったと考えられる。

『続日本記』の759年の大宰府の記事で、新羅から帰化してくる者と三角貿易でやってくるものとを区分する処置が書かれているが、このように力をつけた新羅商人が背景にあった。

中国の山東省から明州（寧波市）までの沿岸は、少しの渤海商人とわずかな日本商人を除くと、新羅商人（含む旧百済商人）が独占していたのである。

その頃の状況は、最後の遣唐使として活躍した円仁が書いた『入唐求法巡礼記』（838年〜847年）に詳しい。

当時の新羅の商人の頭は、新羅の興徳王から清海鎮大使に任命されて1万人の部下を授かり、奴隷貿易の取り締まりを行うため莞島（ワンド：韓国の南西海岸近くにある島で旧百済国である）を拠点とした。彼らが1万人の海軍を持った海の新羅商人でもあった。

唐における大掛かりな廃仏運動が始まった後に、円仁が無事に帰国できたのは、この新羅の海の商人たちの協力のお陰であった。

船の手配力・運航の技術力など、さすがに海の商人を彷彿させ、当時の日本の航海のレベルと格段の違いがあることを示している。円仁の記録から、日本の遣唐使の送迎船は命を懸けた航海のようだったが、新羅船の航海は安心感のある航海だったことも分かる。

円仁は日本から唐への出発時には、2度の座礁を繰り返し、3度目にやっと唐へたどり着くという苦難の経験をした最後の遣唐使であった。

円仁は、帰国後比叡山延暦寺の第3代天台座主となり、師であった最澄（没後44年）とともに没後2年目の866年にして、日本で初めての大師号を清和天皇より賜った。慈覚大師となった。

彼の『入唐求法巡礼記』は、日本人初の本格的な海外への旅行記であり、唐の武宗による異教徒の弾圧、会昌の廃仏の様子を詳しく書き取ったもので、日本以上に海外で極めて高い評価を受けているものだ。1961～1966年の米国の駐日大使ライシャワー氏（ハーバード大学の東洋史の教授でもあった）が書いた『円仁　唐代中国への旅『入唐求法巡礼行記』の研究』で、より理解が進む。

日本人に馴染み深いマルコ・ポーロの『東方見聞録』に比べて、量質共に比較にならないほど優れた旅行記であり、興味

## 中国沿岸南海路と新羅商人のつながり（唐時代7〜9C）

合浦：漢時代の南海路拠点
広州：漢以降「百越」の中心地。南海貿易の拠点。唐時代
　　　市舶司。最大の「蕃坊」（外国人居留地）
明州：唐時代の日本・新羅の市舶司、遣唐使の目的地
舟山群島：海の人々の拠点、「中華」の人からは「東夷」、
　　　　　仏教四大名山普陀山（観音菩薩）
杭州：インド仏教の拠点、南宋時代に全盛
揚州：唐時代に揚子江下流の国際貿易港（新羅が強かった）
建康：南北朝時代（439〜589）の南朝の首都、仏教の
　　　拠点、倭国が10回を超す朝貢

日本と
つながりが深い

深く重要性の高いものであるにもかかわらず、日本において
はほとんど評価もされておらず、知る人は少ない。

マルコ・ポーロは日本を「黄金の国」と呼び、神秘性をもっ
て記載したが、円仁の内容は新羅の商人の航海術の実力が日
本の国家が送る遣唐使船よりも格段上であったという冷酷な

事実が書かれているためだろうか。

## 丁子

ここで冒頭の「はじまり」で書いた丁子のお話をしておきたい。

丁子は、インドネシアのモルッカ諸島にしかない特産品の香料であるが、紀元前から前漢では口臭防止の薬として使われ、1世紀のローマ帝国では恐らく肉の香辛料として利用されていた。

日本でも、平安時代には丁子が貴族たちの日常の中で使われる香料として、『今昔物語』の中で語られていた。

その丁子は、誰が、どうやって運んできたのだろうか。この問いかけが、この本が生まれるきっかけになったことをお話しした。

少しばかり大安寺の話へ移ろう。

大安寺は、飛鳥時代からの国家寺院（大官大寺）から継続しているという。

しかし、35代皇極天皇から45代の聖武天皇まで11代の天皇が関わり100年近い年月をかけて、火災あり、移転あり、改名ありの紆余曲折を経ているため、よく分からない。

ただその大官大寺が今の奈良市にある大安寺に繋がってい

る。東大寺が出来るまでは、奈良の筆頭寺院にあげられていた。それは確かなようだ。

その大安寺の資財帳に丁子が載っているのである。

資財帳によると、仏教は不浄を払うための香りを大切にするため、「古代寺院には多くの香料が蓄えられています。ほとんどが東南アジア、インド原産で貴重品であり、仏物、法物に属しています」（『大安寺伽藍縁起幷流記資財帳を読む』菅谷文則・大安寺歴史講座　東方出版）。

その香料のリストが掲載されているのである。

—麝香：中国四川省からチベットにかけて生息するジャコウジカの雄の香嚢

—白檀：インド、東南アジア原産の香木

—沈香：東南アジア原産のジンチョウゲ科の木（この樹脂の高級品を「伽羅」という）

—薫陸香：インド、ペルシャ伝来の芳香樹脂

—丁子：インドネシア・モルッカ群島の木の蕾

—甘松香：中国西南部からチベット原産の香草の根

—霍香：インド原産の香草

—唐木香：インド原産のキク科の植物

仏教を支えていた、あるいは支えてきた不浄を清めるための香料は、全てがインド、東南アジア、チベット、中国西南部

から輸入されているものだった。

そして、奈良の朝廷がその香料を購買した先は新羅の使節であった可能性が高い。

「買新羅物解」という奈良時代の文書が残っていて、752年の新羅の使節に貴族たちが購入依頼をしている申請書なのだ。香料・顔料などの記載が多くあった（『大安寺伽藍縁起幷流記資財帳を読む』菅谷文則・大安寺歴史講座　東方出版より要約）。

インド商人－新羅商人－奈良朝廷という図式であろう。

その新羅の中国の拠点が、舟山群島にあった。呉越の海の人々が百済の南西の地へ逃れ、その子孫たちが新羅になったが呉越の思いを引き継いで、海の人として暮らしていたとも言われている（『海のシルクロードとコリア』張允植　雄山閣）。


## 「呉越国」誕生

10世紀に入ると、907年に唐が滅亡すると同時に、五代十国時代へ突入し、中国は分裂が始まった。

杭州市を中心にして浙江省と江蘇省の一部の「鎮海・鎮東両軍節度使」となっていた銭鏐（せんりゅう）が、後梁王から「呉越国」（907年～978年）の王に封じられた。その王の正妃は、呉氏の出

身であった。

呉越国は、海岸沿いに勢力を拡大し、一時は江蘇省から福建省まで 1000km にも及ぶ支配地を有したのである。

興味深いことだが、その北には「呉国」が出来、そしてその西には「楚国」が出来たのである。呉国、楚国、そして呉越国と 3 国が横に並んだのである。「呉越同舟」の再現でもあったのだろうか。舟山諸島に住まいする、呉越を祖とする人々が多くいたのだろうか。

紀元前 5 世紀からの因縁が、1400 年近くの年月を経て再現されているのだろうか。

初代銭王は、仏教を深く信仰し、仏教を基盤にした国家造りを行い、治水・洪水対策や農業生産力の向上などに尽力した。散逸してしまった経典などを日本などからも買い集め、日本の朝廷はそれに協力したのだった。

五代まで銭王が続いたが、960 年に誕生した宋が強国になったことから、978 年呉越国王は国を宋へ献じ、自らは宋から「准海国王」に任じられて、開封（宋の首都）へ移り住んだという。

そして銭氏の子孫は宋の皇室と婚姻するなどして生き残ったという。

最後の五代銭王は、仏教に深く帰依して、アショカ王を見習ってか、8 万 4000 基の仏塔を作って経を封じ領内に配った

という。インド仏教に深く係わったのだ。

979 年、宋により中国が再統一された。

989 年には海の貿易港を決めて、広州、泉州、杭州に市舶司を設置し、交易を推進させた。
杭州はまさにこの舟山群島の大陸側の中心拠点であった。そして市舶司が 992 年に明州へ移管された。明州とはまさに舟山群島の対岸であり、14 世紀前半まで日本を主とする貿易港として栄えた。12 世紀末には平清盛の時代に、日宋貿易が大きく花開いた。
そして 12 世紀からは重源、栄西など入宋僧が多く出た。まさに日中交流の窓となる親日地域と言えよう。
その明州が、明の時代には「寧波」と改名されたのは、意図があってのことだろうか？

## 舟山群島の補陀落

舟山群島の仏教の開祖が日本人だったこともお話ししよう。

Wikipedia では、普陀山が観音霊場となった由来は、「916 年、中国への渡来僧である慧萼が、中国留学を終えて日本に帰国しようとした際、日本に招来しようとした観音像が当地で日本に渡ること拒んだ（＝不肯去）、という故事にちなん

でいる。よって、その観音像は「不肯去観音」と称されており、そのお堂は「不肯去観音院」と呼ばれる。以後、この舟山群島中の普陀山は、観音菩薩の浄土である補陀落に擬せられ、人々の信仰を集める中国有数の霊場となった。「普陀山」という名称の由来も、「補陀落」である。

慧萼は、9世紀の後半に日中を何度も往復し活躍した僧である。

第52代嵯峨天皇の皇后橘嘉智子の「禅宗を日本に取り入れたい」という命令で、唐へ何度も訪問したものだ。

上記の物語から、916年に普陀山の観音像と普済禅寺が建てられた。

呉越国の設立ともおそらく関係しているであろう。

寧波には、太白山の麓にインドのアショカ王の名前由来の阿育王寺（禅宗）があり、中国での唯一のアショカ王の名前が残る古刹だ。282年の創基である。禅宗五山に数えられている。そこから南西へ約100km、仏教・道教の聖地とされている天台宗の本拠でもある天台山がある。

特筆するべきは、平安時代の終末期に日宋貿易が高まり、宋へ3度訪れた重源は、阿育王寺の修繕のために木材を日本から調達して送る約束を実行し、信頼を高め、逆に東大寺の大仏殿が平家のために焼失した時、宋から鋳物師、工人、石

工、商人を呼び寄せて、修繕の工事を実施したのである。それほど、日宋の阿育王寺を通じての信頼関係は大きかったようだ。


## 中国の「天竺」「杭州」⁉

インドの中国からの古代名称は、「身毒」(司馬遷の『史記』)。サンスクリット語の Sindhu（語源は「洪水」、ここでは「インダス川地方」）から来ていると言われている。

「天竺」(『後漢書』)もおなじ Sindhu からと書かれているが、「てんじく」は中国語の発音で「ティェンジュー」なので、遠からずであろう。

「印度」となるのは、もっと後の唐の時代になる。


「竺」の意味は、「漢字／漢和／語源辞典」では、「竹」が語源とされ、竹冠の下にある二線が重なって厚みがあることを示して、「厚い竹」となる。

この中で「竺」の意味が、「竹」、「天竺」、「厚い」と共に、「中国にある杭州西湖の南の地方を言い、三竺（上天竺、中天竺、下天竺）に分ける」と書かれている。


「Baidu 百度」によれば、

中天竺の法浄寺は 597 年、上天竺の法喜寺は 939 年の創建である。下天竺の法鏡寺と合わせて天竺三寺と呼ばれ、歴史的

に「天竺仏国」として知られている。古く『漢書』に「天竺諸峯」が「武林山」として書かれて、「霊隠」とされている。飛来峰の南を「天竺」とし、北を「霊隠」としている。**「霊竺仏教文化は杭州の歴史と共に受け継がれている」**

杭州の寺院の建設は、西インドの和尚慧理が関係している。後世、武林山を天竺山、その南の寺院を「天竺寺」という。和尚慧理が開山の祖師となった。

「霊隠寺」の創建は326年の東晋時代とある。9世紀に廃寺となるが960年に呉越王により再建された。2002年に日中国交正常化の30周年として空海の像が建てられた。

前にある飛来峰には、300を超える石仏があり、インド式の石仏が半数ほどを占め並んでいる。


この杭州の西湖とその西側には、その他にも由緒ありげな観光地が並ぶ。

日本の観光には勧誘されていないが、中国の観光案内には出てくる。

―「三潭印月」西湖の中にある最大の島（人工島）。その島に1haの大きさの池を作り、橋と堤を十字に渡し、「田」の字の池となっている。島全体が庭園で「小瀛州（しょうえいしゅう）」と呼ばれ、中国の古き時代に東の海に蓬莱、方丈、瀛州という不老長寿の島があると伝説されていたその名前からきており、それは日本を指すという。島の名前には、「印度」の「印」の字も入っており、何か不可思議である。

―「天竺路」（上天竺から下天竺を結ぶ）

―「霊隠路」飛来峰霊隠寺の地域の道

―「法雲古村」（中国の観光案内の訪問者のコメントでは、「古代の七大寺院と仏教学院に囲まれ、近くには茶園と鬱蒼とした竹林があります。……法雲古村は、『仏法は雲のようで、すべてを覆う』という意味から来ました。……唐時代に建てられ、千年以上の歴史があります。杭州で一番早い住民が集住していると聞きました」

―「天竺香市」は、寺院で香を焚いて仏を拝するための「香会」に多くの人々が集まったことに始まる。とりわけ南宋時代の首都となって、大いににぎわった。

この意味では、杭州が天竺仏教の中国における中心地であり、「香」文化の中心地でもあったのではないか。

4世紀には寺院が建てられ、南朝の仏教の興隆と共に杭州は、南朝の首都建康への南海路からの玄関口とでもいえる。

偶然の一致かもしれないが、「香市」はタミル語の古語「カーンチー（香芝）」と同音で、タミル・ナドゥー州の古都の名前で、3世紀後半から9世紀までタミルのパッラヴァ朝の首都であった。

このように天竺に縁がある杭州のお隣が明州―現在の寧波だ。明州には、日本向けの市舶司が唐の時代に開設された。寧波の対岸が、舟山群島―現在の舟山市だ。その中国仏教4

**インド仏教・南朝仏教・日本仏教の交流地：「呉」**

大名山普陀山の観音菩薩は、日本の平安時代の僧慧萼が由来
で建てられたものだという。また寧波市には中国で唯一のア
ショカ王由来の阿育王寺もある。

インド仏教と日本仏教を融合するような、仏教の聖地の様相
を呈しているではないか。
そして、その地は紀元前5000年の昔から、稲作の始まりと
言われている河姆渡文化の発祥の地であったのだ。

## 第10章

# 朝鮮半島南部

## 金官伽耶

韓国の日本人観光向けに、金官伽耶国（駕駱国）を建国した
首露王のお墓を訪ねるツアーがある。人気のほどは分からな
いが、何社かの旅行会社のツアーに入っていて、釜山広域市
周辺の日本人旅行者向けであろう。釜山港へは博多港から水
中翼船の高速艇に乗って、3時間ほどで行ける身近な海外の
旅だ。そこからは首露王のお墓まで目と鼻の先と言ってよ
い。

金官伽耶国は、朝鮮半島の南部にある釜山広域市のお隣にあ
る金海市を中心に西暦42年に建国された。今から約2000年
前ということになる。
古代日本の倭国と密接な関係にあったこの地は、『日本書紀』
では「任那」という地域として、朝鮮半島での倭国の拠点で
あったと書かれている。
『日本書紀』によれば、4世紀後半からの活動が記載されてい
て、562年に新羅によって滅ぼされるまで約200年間存在し
たことになる。

韓国においては、1076 年に編纂された『駕駱国記』にその歴史が書かれている。

首露王は、西暦 42 年に駕駱国を建設した。その周辺に小さな国が 5 つあり、合わせて 6 か国で「伽耶」と言い、『日本書紀』では「任那」とされる（学説によって、いくつか解釈の違いがある）。

首露王の姓は「金」氏であり、韓国では 2000 万人（40％）近くいる最も多い姓だ。いろいろな「金」氏がいるので姓の前に起源となった出身地（本貫という）をつけて「金海金氏」という。金氏の本貫は 200 以上にわたり、慶州金氏、安東金氏など政治分野で活躍しているが、中でも金海金氏は名門で、かつ韓国最多の人数を有する氏族である。

新羅に滅ぼされた後には、新羅の王族葛明公主として存続し、7 世紀に新羅が朝鮮を統一した時に百済と高句麗を破った大将軍金庚信が著名である。

また 20 世紀の最後の韓国大統領であった金大中氏もこの一族の子孫である。

首露王の誕生にまつわる神話は、「『亀旨峰』（金海空港のすぐ近くにある）という山に 6 つの金の卵が空から降りてきて、卵から生まれた王たちはそれぞれ 6 伽耶の王になり、その一番最初に生まれたのが、この首露王だ」という。金の卵から生まれたので「金」氏と名乗った。

首露王が、199年まで157年も生きていることからも、あくまでも神話であるとされているが、11世紀には神話の神事が取り行われ、今でも金海金氏の祭祀が子孫たちによって取り行われているのである。

そして大変重要なもう一つの神話があるのだ。首露王の王妃にまつわる神話である。

それは西暦48年、16歳のインドアユダ国の王族の娘が王妃として嫁入りをしてきたと言うのだ。

アユダ国は、ガンジス川の南のインド中部に実際に存在する国であった。仏教の盛んな国であった。

その王妃の名前は黄許玉といい、王との間に10人の子供が出来ている。その内5人の息子は「金」氏となり、2人の息子が母方の「許」氏となった。許氏の35代孫許琰氏が、高麗国文宗時代に「駕洛君」に封じられている。

王妃の遺骨からDNAによる鑑定を行った結果、インドからの渡来だった可能性を否定できない、という見解が2004年に新聞で発表されているという。

そして首露王陵に入る正門の神魚像は、インドの文化との交流があったという証としての研究対象になっているとのコメントもあった。

おそらくヒンドゥー教と仏教の八吉祥の一つに、ガンジス川

とヤムナー川を象徴する2匹の魚が向かい合っている「双魚紋」があり、それとの類似性を言っているのだろう。ペルシャ神話の「すべての種が実る木」を守った「カラ魚」からという説もあり、真偽は分からない。

そして何よりも、国の名前「伽耶」が凄い。
東部インドのガンジス川沿いにあるビハール州の第2の都市「ガヤ」（伽耶）、そこは古代からヒンドゥー教と仏教の聖地として栄え、数多くの寺院がある。そのガヤの南十数キロには、お釈迦様が菩提樹の下で悟りを開いた仏教の四大聖地の一つ「ブッダガヤ」（仏陀伽耶）があり、マハーボディ（大菩提寺院）が聳える。
王妃の黄許玉は、インドから石塔を持ってきて、仏教を伝えたとの伝承もある。

その首露王と王妃の2人の陵墓が、金海市の市庁舎から2kmほど北にある亀旨峰に一連の公園が整備され、市内観光のルートの一つにもなっている。亀旨峰は、6つの金の卵が降りてきて、首露王が誕生したその場所である。
ガイドも、首露王と王妃にまつわる神話について紹介をし、韓国人も史実として受け入れている人も多いという。
日本人に向けては、『古事記』に書かれている天孫ニニギ命が「筑紫の日向の高千穂の久士布流多気（くしふる岳）に天降ります」という、神話が似通っているという話も付け加え

られているそうだ。


## 済州島の物語

もう一つ韓国の神話の物語。済州島である。
これも済州島の博物館を紹介している観光案内書を基にして
いる。


「三姓穴」の紹介から始まる。
「済州島のルーツである耽羅国を創始した三神が最初に現れ
たとされている聖地です。この三姓穴から生まれたのは、
高乙那、良乙那、夫乙那の三神で、狩猟をして暮らしていま
したが、ある時、五穀の種を持って来た碧浪国の三王女を迎
え入れてから、農業が盛んとなり耽羅王国へと発展していっ
たとされています」


3人の名前は、済州島に多くいる高氏、梁氏、夫氏を代表さ
せているという。
しかし「碧浪国」が何処かは、特定しているものはないとい
う。
王女が海を越えてやってきた、五穀の種を持って来たという
ことから、九州説をはじめ、琉球諸島、台湾、中国東部や南
部の海岸など諸説あるようだ。
1451年に完成した「高麗史」によれば日本から来たことに

なっている。

ここで『日本書紀』の第29代欽明天皇が、死の間際の遺言で皇太子（後の敏達天皇）にお話しされた言葉がある。
「自分は重病である。後のことをお前にゆだねる。お前は新羅を討って、任那を封じ建てよ。またかつてのごとく両者相和する仲となるならば、死んでも思い残すことはない」
「両者相和」と訳されているが、原文では「更巷夫婦惟如舊日死無恨之」となっていて、「夫婦の仲」であったと書かれている。「仲良しであった」ということと「夫婦」だったということは、根本的に違った関係である。欽明天皇のお言葉からは、「日本と韓国の任那は国際結婚をしていたという仲」であったということになる。
平安京へ遷都を行った桓武天皇の母高野新笠は、百済系の王族の子孫であることも、『日本書紀』に書かれていて、平野神社に祀られていることも明記されていることだ。

また中国の史書である『三国志』「烏丸鮮卑東夷伝」の「韓」の中で、三姓穴伝説の頃になるかもしれないが、済州島について記載がある。3世紀のことである。
「州胡国（済州島）が馬韓（朝鮮半島の中南部西側）の西の海上の大きな島にある。そこの人はやや背が低く、言葉は韓族と同じでない。みな鮮卑族のように坊主頭にしている。ただし、なめし皮を着て、好んで牛と豚を飼っている。その衣

服は上部があって下部がなく、ほとんど裸のようである。船を使って行き来し、韓国中で貿易をしている」

韓国の南西にあたる全羅南道の海岸は、リアス式海岸でかつ多くの島（2000を超える）があり、さらに潮位差が7〜8mにもなることから、船の航行の極めて難しい地域だ。済州島から船を使って韓国との貿易を行っていたということは、かなり船の航行技術に長けた「海の人」であろう。その意味で、丸坊主だが、鮮卑族ではあり得ない。

言葉もよく分からず、衣服からも大陸からの人々ではなかった。同じ『三国志』「魏志倭人伝」の「倭人」の風俗とも異なるので、九州でもないだろう。もっと南からやって来た人たちの国だったと思われる。

済州島の「耽羅王国」の歴史は、韓国の国史である『三国史記』では476年が初見である。百済王文周王に朝貢をしている記事で、その頃には国としてまとまっていたのだろう。
『日本書紀』によると、倭国へは661年に使節を初めて送って来た。百済の滅亡の危機への対応と考えられている。その後もたびたび使節を送って来ていた。

耽羅国は、その後も中国からも韓半島からも独立して、1105年に高麗朝時代に耽羅郡として組み入れられるまで、実に600年以上もの間独立を保ってきた。1214年からは、済州と

呼ばれるようになったが、朝鮮時代には流刑地となって島民が島を出てはいけないという「出陸禁止令」が 200 年以上続き、過酷な歴史もあったようだ。

そのため本土からの移住者はなく、現在に至るまで独特の文化を残している。

違う民族の人たちだったのだろう。


島全体が大きな火山であり、土地が肥沃でないため、産業が漁業（海女によるアワビ漁をはじめ、ワカメ、トコブシ、テングサ、ヒジキ、ナマコ、サザエなど）やミカン栽培（九州のミカン種もある）などが中心だった。

また民族的にも大変温和で日本人と通じるところがあるという。

実際に大阪と済州島とは大きな絆があって、済州島からの主要な出稼ぎ先が大阪・鶴見のコリアンタウンだった時代もあったという。

今は、比較的温暖な気候を利用して、済州島が韓国のリゾート地になっている。


## 全羅南道

韓国の西南地域にあたる全羅南道、ここも朝鮮半島の中では、極めて異色な土地柄である。

## 2～3世紀頃の3韓時代の国の位置

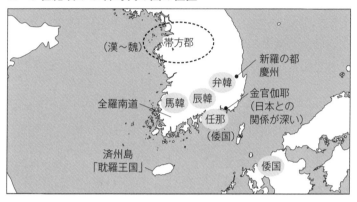

(漢～魏) 帯方郡

新羅の都
慶州

弁韓

全羅南道　馬韓　辰韓　　金官伽耶
（日本との
任那　　関係が深い）

（倭国）

済州島
「耽羅王国」

倭国

『三国志』「東夷伝・韓」（3世紀）を見よう。

「韓は帯方郡の南にあって、東西は海まで続いている。南は
倭と境を接している。面積はおよそ四千里四方である。三種
類に分かれていて、一つ目は馬韓、二つ目は辰韓、三つ目を
弁韓という」

帯方郡とは、魏国が朝鮮半島を治めるための魏の地方行政機
関だ。現在の韓国の首都ソウル周辺に比定されている。魏は
帯方郡を通して韓を傘下に入れている。

その帯方郡から南の西部の領域が、一つ目の馬韓である。東
の端に三つ目の弁韓があり、馬韓と弁韓に挟まれた中央に辰
韓がある。

その南に倭があるということで、任那（金官伽耶から隣接）

が朝鮮半島の南部にあったので、この時点では馬韓の南に倭
があったというのは、この任那のことだと推測する。


馬韓：50 余国⇒ 3 世紀に百済が統一。
辰韓：12 国⇒ 6 世紀に新羅が統合。
弁韓：12 国⇒ 3 世紀に新羅が統一。
倭国：任那のことと理解できるが、学説は多岐に分かれてい
る。⇒ 6 世紀に 4 県を百済へ割譲、その他は新羅に奪われる。


このうち馬韓の国に関して、『三国志』は詳細に述べている。
馬韓の広さは九州よりも小さいが、そこに 50 以上の国がある
ということであり、国はせいぜい都市国家あるいは村国家と
いうイメージであろう。


「そこの人は土着の民で、耕作をし、絹を作ることを知り、
綿布も作っていた」
「それぞれの国には権力者がいて、……その国々は、山々の
間や海上の島に散らばっていて、城郭を築くことはない」
「珠玉を財宝とし、衣服に縫い付け飾りとしたり、首飾りと
したり、耳飾りとしたりする」
（作者注：当時の東南アジアから越にかけてとの類似性が見
える）


「性格は強く勇敢で、頭に何も被らずまげを見せているとこ

ろは、烽火を扱う兵のようである。そして麻布の衣服を着、足に底の厚い革ぞうりを履いている」
「毎年5月には作物の種を播き終え、そこで鬼神を祀る。多数が集まって歌い踊り酒を飲んで昼夜休まず遊ぶ」
（作者注：これも東南アジアや中国華南〜西南地方の少数民族に通じる）

「10月に収穫が終わった時も、またこのようにする。鬼神を信じ、国の都ごとに一人を立てて天神を祀る司祭とし、天君と名付けている」
「馬韓の男には、時々入れ墨をしているものがいる」
（作者注：全体的に「倭国」に相通じるものがある）

「両郡（帯方郡・楽浪郡）から遠い国では、まさに囚人や奴婢が集まったにすぎないような様子である」
「法律規則は少なく、諸国の都には主帥がいるけれども、村落は入り混ざってなかなか統括できない」
「国ごとにそれぞれ蘇塗と呼ばれる特別な村がある。そこは、大木を立て、鈴と鼓を懸けて、鬼神に仕えている。いろいろな理由を持った逃亡者が、この村に逃げ込めば、追っ手に彼を引き渡すことはしない」

この馬韓の特色だが、中国の山東半島から船で横切れば500kmほどである。戦火からの「避難場所」となっていたの

ではないだろうか。風俗と共に、「蘇塗」と呼ばれる治外法権を作り上げているところからそう思える。

朝鮮半島の南海周辺は、南からの海の人たちがやってきた痕跡も多く、新羅国の商人達の母体となっていたのだろう。そして、日本とのネットワークももちろん太いものが存在していた。

## 第11章
# 「倭国」と雲南

## 「倭」という意味

「倭」は、中国の史書である『後漢書』（25年～220年）に最初に現れる。

「倭在韓東南大海中」で始まる。

「倭は韓の東南の大きな海の中にある」ということは、

この場合、「倭国」と言っていないので、「倭」は地理的な「日本」を指しているようである。表題も「倭」なので、「倭国」というものはまだ存在していないのであろう。

「100国あまりあるうちの30国ばかりの代表者がやって来た。その使者を遣わした国は邪馬臺国の大倭王である」

今回使者を遣わした30国ほどの中心が邪馬臺国であり、「倭」を束ねる連合国家を形成して「大倭王」がいる。

邪馬臺の「臺」は、「台」と「壱」とで学説は分かれているので、「ヤマタイ国」あるいは「ヤマイチ国」と考えられる。ただ「ヤマト」としていきなり和訳している学者もいるが、あり得ないのでこの論議には入らない。

また日本の古代史の最大の謎が「邪馬台国は何処か」、「卑弥呼の墓はどこか」になっていて、議論は尽きない。日本古代

史の中の、ミステリー的な位置づけで、大学や地方まで巻き込んで奈良と九州で綱引きをしているのは、本質論から遠ざかってしまっている。問題の設定がおかしいと思う。

この議論の中に入ると見えるものも見えなくなる。

「倭」については、あくまでも中国から見た呼び名であることを提示しておきたい。

## 「倭」とは「種族」である

女王には属していない敵対する狗奴国の人々を「倭種」と呼んでいる。

『三国志』より遡るが、『後漢書』の中に次の表現がある。

「女王国より東の方海を渡ること千余里にして、狗奴国に至る。皆、倭種なりと雖も、女王に属せず」

従って「倭」とはある特定の「国」を指しているのではなく、ある「人種」「種族」を指していると考えられる。

また「倭」は、中国語の発音では「イ」または「ゥオ」であり、日本の中に「イ国」とか「ゥオ国」があったものでもない。「和」の発音は「フゥー」であり、「倭」と「和」は完全に異なる発音である。

狗奴国の人たちを「倭種」と呼んでいることで、当時の漢の人たちは「倭」という種族をすでに知っていた、と考えるべきだろう。

「論衡」

中国後漢時代1世紀、王充が書いた「論衡」の中にも「倭人」が出てくる。

王充は、1世紀（27〜97年）の後漢の思想家であり、従来の儒教などを合理性を欠いたものと批判し、広い知識と合理主義を貫いた。百科全書的な色彩のある「論衡」を記し、唐時代までは大作と評価を受けていたが、宋の時代の儒教の興隆で忘れ去られたものだ。

その意味では、何か事実に基づいて書かれたものとして、意味があるものと思う。


1世紀から1000年ほど昔を振り返って、周王朝時代に「倭人」が朝貢に訪れたことを記事に残している。

朝貢の記事があり、「倭人」が2度にわたり暢草（「ウコン」か「霊芝」を指しているがどちらも華南〜雲南の産物である）を持ってきたという。

2回目には、同日に越国が雉を持ってきており、それと共に記載されている。越国の朝貢に伴ってやってきたのかもしれない。


ウコンは、カレーの調味料ターメリックで知られ、肝機能強化や血流改善効果のある古代から重要な薬草である。今も元気をサポートするドリンク剤として人気がある。原産地のインドから東南アジア、中国南西部が産地であった。

張莉氏の論文「倭・倭人について」によれば、別の文献で広西省の桂平県にウコンの産地があったことが書かれており、そこは越国の中でも中国少数民族の地域だったという。

「霊芝」は、中国の漢方薬として効能が大きいと当時信じられており、皇帝や王に献上することが義務付けられていたほどだった。古代の薬草の書『神農本草経』に上品として位置づけられていた。酒に浸けて、薬用酒としてたしなまれた。四川省成都市の西の大雪山や雲南省の北にある玉龍雪山などの特産物であった。

これが事実であったとは言えないし、またその証拠も見つかるはずはない。

しかし、当時の知識人であり、王充もその時代の「倭人」を意識していたと思うのだ。そうでなければ、書く意味が何もないのではないか。また、『後漢書』に書かれた「倭」についてその内容を知っていただろう。

その上で、「倭人」が1000年も前から朝貢していたという話を、わざわざ書いているのだ。そのことが重要で、知識人には「倭人」という民族が中国領内にいたからこそ、過去の情報を持ち出したと考えられる。

## 2世紀の遺物の「磚」に「倭人」

安徽省北西部の亳県元宝坑村1号墓から出土した「磚」（せん）（土を乾かしたレンガ）には、同盟を結ぶにあたっての合意書のようなものが記載されていた。

この墓は、後漢末期の曹氏の墓であった。曹の名の入った印章も出土しており、曹操一族の墓群（5基）の一つである。曹胤（177年没：百度百科では曹操の従弟の曹仁の叔父とある）の墓と判明している。

そこから出土した大量の磚に多くの文字が書かれており、その一つが次の7文字である。

「有倭人以時否盟」

「倭人有り、時を以って、盟することなきや」と訳されている。

これも明らかに、中国後漢の中の出来事だ。

当時、中国内にも「倭人」がいたのだ。

そしてここは南朝が首都としてきた「建康」（現南京）に近い地域だった。

そのため、「倭」は「ゥオ（Wo)」よりも「イ（Yi)」と呼ばれていた可能性も考えられるのだ。「イジンである」。

# 『翰苑』

唐の張楚金によって書かれたもので、いろいろな原典があってそれを書き写したものである。特に三国時代の「魏略」からの引用が多い。

その中に、倭人のことが書かれており、「自ら謂う太伯の後なり」と出ている。

太伯とは、周王朝の皇子の一人で、家督を弟に譲って南の地「呉」（「句呉」）を興した。

当時の「呉」において髪を切り、入れ墨をするという風俗（断髪文身）が、魏志倭人伝の倭国の風土と類似している。

また同様の記事が、「晋書」「梁書」にもある。

その真否は議論する所ではなく、「倭人」の人たちの祖先が呉の太伯だと自ら名乗っている、という話が書かれている。

明らかに「倭人」というものを認識して話をしているのだ。


## 朝貢品「倭錦」

『三国志』「魏志倭人伝」の正始四年（243年）の記事に、「倭国」からの朝貢の物品のリストがある。

「倭錦」を筆頭に、赤と青の絹の布、絹の綿を入れた衣服、絹の布と続く。

相手は魏国、漢の時代にはローマへ絹織物を特産物として輸出していたのである。其の国に対して、わざわざ「絹」の織

物や布を土産として持ち込んでいるわけだ。

当時、後漢滅亡後早い時期に三国時代に突入した。魏（主に北部）・呉（主に南部）・蜀（南西部）に分かれ、有名な諸葛孔明が劉備と共に蜀へ逃げ込み、漢の正当な血筋を継承している皇帝として、独立していた時代だ。

蜀の軍事費は、「蜀錦」で賄われていると『蜀中広記』に書かれていたと伝わる。それほど、蜀の「蜀錦」は品質が高く、色鮮やかで、デザイン性も優れていたとされ、市場で高値で売れたであろう。蜀の都である成都の南に流れる錦江が、その染色を行うに適した水質だったという。幅広の反物も作っていたという。

魏の曹操が、部下の左慈に蜀に錦を買いに行かせる話があるし、また呉も蜀に錦を求めさせている。それほど「蜀錦」は、当時の錦の中で最高級ブランドであったと言える。絹織物の先進国だった中国の中でも、特別なブランド品だったと言える。
蜀は、魏・呉へ使いを出すときには、この「蜀錦」を持参し、また周辺の他民族には「下賜品」として使い、そのブランドを広めていたとされる。政治的にも使えるくらい「蜀錦」という絹織物の品質は高いものだった。

それを前提にして、蜀の錦を求めていた魏の皇帝に、「倭」の朝貢で使いが持ち込んだものを「倭錦」と書いている。しかも正史の中の朝貢品の品目として「倭錦」と書かれているのである。これは名の知れた「ブランド品」ということだ。ブランド品でなければ、「倭」国からの朝貢の品の「錦」に対してわざわざ「倭」をつける必要性は全くない。

しかも「蜀」という国の最高級ブランドである「蜀錦」を、垂涎（すいぜん）の的で買い求めている魏の宮廷人に対してである。

「倭錦」というブランド品になっている絹織物を作っているあの「倭人」の「錦」である。そう認識されていたものだろう。少なくとも魏の宮廷では、「倭錦」は有名なブランドと認識されていたと考えるべきである。

「倭人」とは、日本人のことを言っているのではなく、中国ではよく知られた「倭人」という民族の人たちを言っている。その倭人が、国を渡って日本の地で国を建て、素晴らしい絹の生産を行っている、ということなのだろう。

## 中国の少数民族

現在の中国国内に多くの少数民族がいる。その多くが四川省、雲南省から広西チワン族自治区に広がっている。まさに西南のシルクロード周辺地域なのである。

その中にも「倭族」の候補がいくつも上がってくるような、

驚くような種族が並ぶ。

## 「ワ族」

ビルマ語系統のモンクメール語系である。雲南省など35万人で、ラオス北部に約70万人が住む。竹で作った高床式住居に住む。

「ワ」の漢字は「佤」でワ族にしか使わない。

## 「ハニ族」

雲南省中心に143万人。

4〜8世紀に雲南の西南部に移動してきた。米を炊いて主食とし、粥や餅にもする。世界遺産に登録されている哀牢山地の棚田を開拓した主要民族である。

大豆から豆腐やみそ、納豆を、また野菜の漬物を作る。歌垣の文化、火を神聖なものとする、自然崇拝なども共通する。

木の神「アマアツォ（竜樹神）」は、インドの仏教哲学者で日本の真言宗の八祖の一人「ナーガールジュナ（竜樹菩薩）」と同名。

また巫女のことを「ミグ」と呼ぶ類似性もある。

弥生人の遺骨の骨格が類似している。

## 「イ族」

イ族は、漢字では彝族と書くが、旧族名では夷族または**倭族**と書かれていた。

驚くなかれ、中国ではれっきとした旧族名で「倭族」が現在
も存在し、現在は「イ族」と呼ばれているということになる。
中国が公認している56の少数民族の中で7番目に多い。2010
年の統計で871万人だ。東南アジア全域では1200万人ほどに
なる。


「イ族」は、チベット国の祖先であるとも言われている。チ
ベットから四川、そして雲南へ移住してきた。また長江文明
を築いた氏族の子孫という説もある。
チベットには、DNA父系のY遺伝子のD型が多くいて、日
本の縄文人（D2タイプが多い）とイ族にも祖型で同じタイプ
のDタイプの人の割合が多い。
火を祀り、歌垣も行う。火葬・鳥葬を行う。牧畜民である。
日本の古代にも存在した妻問婚が残る。ハニ族と共に雲南地
区の棚田を維持してきた民族でもある。


「魏志倭人伝」の「倭人」、「論衡」の「倭人」、曹氏の墓陵か
ら出土した磚の「倭人」。
漢や魏では「ゥオ（Wo）人」と発音するようだが、たしかに
呉での発音は「イ（Yi）人」と発音するようだ。
倭族（イ族）は、周の時代から蜀・巴の2つの国を持ってい
たというのが、元大阪教育大文学部教授で文化人類学の権
威、鳥越憲三郎氏の書『古代中国と倭族—黄河・長江文明を
検証する』（中公新書）の中で書かれている。秦に吸収され

たが、大きく変わったのが前漢時代に「西南のシルクロード」を求めて攻め込んできた漢との戦いであった。

最後まで戦い抜いたのが「昆明国」で、イ族（倭族）の国であった。まさに西南路を死守したのである。漢との戦争状態が紀元前1世紀から紀元後の2世紀まで続いたことになる。その中で雲南省の西の漢時代に永昌郡と呼ばれた地域の産物が凄いのである。金・銀・銅・鉄・錫・鉛・琥珀・翡翠の鉱産物に犀・象・孔雀などである。漢と対峙して戦い抜くなどの力の源泉であったかもしれない。

そしてこの雲南の永昌郡には、『華陽国志』によれば身毒人（インド人）とピュー人（ミャンマーでピュー国を建国）が貿易商人として活躍していたという。イ族との交易が当然行われていただろう。

もう一つの驚きがある。その後、イ族は分散していたが、唐の時代になって再び雲南の地に国を作ったのである。南紹国（738～902）である。もちろん、シルクロードの西南路を抑えたのである。唐から南紹王に冊封されたが、西南路の利権から敵対し、その後唐に帰属するが唐の力が弱くなると再び離反した。

その初期の首都となったのが「太和城」であり、この時点では奈良の「ヤマト」は「夜麻登」（万葉集）、「山跡」（古事記）、「野麻登」（日本書紀）などと書かれており、「大和」は

## 雲南省には、西南路の要があり、それを「イ族」（倭族）が漢の時代死守していた

```
四川省    ①涼山イ族自治州
雲南省    ②楚雄イ族自治州        ┐
雲南省    ③紅河ハニ族イ族自治州  ├ イ族の人口の多数が
         （元陽の棚田がある）    ┘ この３州に集まる
広西チワン ④百色市（隆林各族自治県）
族自治区
貴州省    ⑤畢節市（威寧イ族回族ミャオ族自治県）
```

その他雲南省には、イ族の自治県が多数有り

**＊昆明**

◎大理：雲南の永昌郡で、『華陽国志』では身毒人（インド人）とピュー人（ミャンマー人）が貿易商人として活躍していた地域。西南路の要所である。永昌郡には「金・銀・銅・鉄・錫・鉛のほか、琥珀、翡翠や孔雀、犀、象など」も産した。「イ族」とインド商人との大きな接点がここにあった。（『古代中国と倭族』鳥越憲三郎）

天平宝字元年（757年）頃から使われ始めていることとの関係も絶妙のタイミングだ。「太和城」のことを知って「大和」があてられた可能性があるのだ。

そして、イ族は現在も雲南省におよそ500万人が住んでいる。

以上の3つの少数民族（ワ族、ハニ族、イ族）については、鳥越憲三郎氏の『古代中国と倭族—黄河・長江文明を検証する』に詳しく書かれている。

これらの雲南地方のイ族を中心にして少数民族が日本民族の先祖である可能性の提唱をおこなっていて、大変興味深いものだ。

「イ族」（倭族）といい、「ワ族」といい、見ただけでドキッとするような民族名であり、文化や風俗にも多く通じるところがある。

しかし、議論はなにも進んでいない。

**「チワン族」**

中国最大の少数民族で、約1800万人に上る。その90％以上が、広西チワン族自治区である。東は広東省と、西は雲南省と、北は貴州省と湖南省に接し、南西はベトナムと接する、まさにかつての「百越」の中心地をなしている。

南嶺山脈に守られて、華中から攻め入ることが難しい天然の要害となっている。南陵と呼ばれ、古代の中国民族グループ

の移住の回廊としても知られている。海洋都市・グローバル都市広州から、雲南省の中心都市昆明まで、珠江という川が東西に交通路となっている。

その珠江がつくるデルタ地域にもなっており、豊かな水耕で二期作・三期作が出来る穀倉地帯でもある。

かつては「百越」と呼ばれていた多くの少数民族を構成した。

道教が多く信仰され、その中で子供を守る聖母娘娘（媽祖）と台所などの火の神「かまど神」を祀る。

日本でも、「鬼滅の刃」で一躍有名になったが、大宰府の北東宝満山の竈門神社は、古代修験道の大きな勢力として力を持っていた竈門山寺と神仏習合していた。宝満山は、13世紀に延暦寺の寺院になってからの呼称で、それ以前は竈門山あるいは三笠山と呼ばれていた。神社の祭神は女神である初代天皇神武天皇の母「玉依姫」である。

歌と踊りを好み、歌垣も行う。操り人形劇もある。

DNAの観点でY染色体ハプログループD系統が約30％ある。

日本も、D系統が30％台であるが、縄文人の主流と言われているD2は同じD系統だが、他の国にない日本固有のタイプである。他のD系統といつの時点で別れたか、分かっていない。

「プミ族」は人口3万人ほどの小さな種族で、雲南地方に住む。

DNAの観点でY染色体ハプログループD系統が70%を超える。

DNAのD系統の祖型はインドにあり、D系統はインドからベンガル湾を真東へ、マレー半島にかなり近くにあるインド領アンダマン諸島、チベット、そして上記の中国少数民族、そして日本がメインである。わずかだが、中国大陸の沿岸部にも見られる。

一時的にモンゴルまで北上していったが、北の勢力に追い払われて西のチベットと海の東の日本へと別れて逃げたという仮説があるが、定かではない。

### 「華陽国志・南中誌」の身毒人（シンドク）

355年に西晋の常璩によって書かれた地理誌である。「華陽」とは、蜀・巴・漢中の地を指している。その南中誌に、後漢の明帝が作った「永昌郡」のことが書かれている。

現在の雲南省の西部に置かれた。ミャンマーへ抜ける「西南路」の要地にあたる。

「この地には、身毒人と驃人が住み、貿易商人として活躍していた」と書かれていた。

身毒＝サンスクリット語でインドを「Sindhu」といい、その漢字表記である。

驃人＝ピュー人で、ピューは 1 世紀頃にミャンマーに作られた国である。


前漢も後漢も西南路を確保したわけではなく、「永昌郡」を作り、インド人商人やミャンマー商人を住まわせて商売をしていたということになる。

西南路は、インド人とミャンマー人商人が大きく係わっていたのである。


したがって、これらの少数民族とインド商人、ミャンマー商人の関係が当然構築されていただろう。

少数民族が着ている服はカラフルな服だったり、黒や青基調の服でもカラフルな糸で刺繍をしたり、防寒のキルトのパッチワークをしているものなどが多い。

この染色こそ、インドが得意な技術であり、間違いなくインド商人が持ち込んだものと考えられる。


そして、棚田のシステムもインド商人が持ち込んだものと思うのだ。

## 雲南省の棚田

「中国雲南省元陽県。2013 年、世界遺産に登録された 1300 年以上の歴史を誇る世界最大の元陽棚田が存在します。ベトナム、フィリピン、バリ島など世界各地に素晴らしい棚田は存在しますが、元陽棚田のスケールはもはや次元を超えた神の域。田が水を張る春の季節、空へと続く 5,000 段もの水田に映える夕日は格別」（travel.co.jp の観光案内より）。

広さ 5 万 4000ha（棚田の広さがほぼ淡路島の面積に近い）。
標高 250m〜1850m（ほぼ畑の出来る限界高度まで広がる）。
最大勾配 75 度。
年平均気温差 10℃。
降水量の多くは雨季に集中⇒上部から下部へ水を灌漑システムで流しながら効率よく使うシステムを作り上げている。驚くべき技術と根気だ。
棚田の耕作、ほとんどがハニ族とイ族（チベット・ビルマ語系）、水牛と人力。
（世界遺産に登録された「紅河哈尼棚田群の文化的景観」についての Wikipedia より）

### 棚田と彼岸花

日本にも規模こそ違うが、誇るべき棚田が多くある。その棚田の畦道に、今では見かけなくなってきたが、よく彼岸花を

見かけたものだ。

長崎市神浦向町の大中尾棚田、長崎県波佐見町の鬼木棚田、奈良県の明日香村の棚田など有名な名所になっているという。あるいは埼玉県の日高市巾着田は、8世紀に高句麗からの渡来人が17haもの水田開発を行った。そこに現在日本一の彼岸花500万本が群生している。

中国の原産と言われているが、揚子江中流・下流、雲南、ベトナム、マレーシアに多い。

別名の曼珠沙華は「manjusaka」から来ていて、サンスクリッド語の「赤い花」という意味で、「法華経」にも出てくる仏教に関係ある花である。「法華経」の中では、釈迦が法華経を説かれた時に、天から降って来た4つの花の一つだった。インド発の名前である。

また学名が「リコリス（Lycoris）」でギリシャ神話の海の精の名前から来ているという。

どこが本当の原産地か分からないほど、大変グローバルなのである。

「Baidu百度」で曼珠沙華を引くと、同様に仏教の花でサンスクリットの音から来た名前であると説明されている。中国語での花の名前は記載されていない。

それが、何故田んぼの畔によく見かけていたのか。それは、彼岸花の球根がかなり強い毒性を持っており、ミミズが繁殖

しないためモグラやネズミもこなくなるのだという。彼岸花は、毒性を持って水田を守っているのである。

日本で繁殖している彼岸花は、染色体が３倍体で種をつけないタイプだという。だから自然に広がってはいかない。球根を取って、持ち込んで植えていくという、人の手をかけて初めて広がるのである。だから人の手によって、田畑を守るために植えられた。
畦道に沿って列をなして咲いていたりする理由なのだ。
とりわけ日本中に展開された棚田には、彼岸花がついて回る。同じ棚田開発チームが存在していたと思えるほどである。

棚田作りには灌漑システムが欠かせない。高い田んぼから順番に水を配給しながら下ろしていく、そのシステムだ。これがインドの灌漑システムから展開されたのではないだろうか。
灌漑システムそのものは、インド（スリランカ）から学んだものだと言われている。
棚田を開発した時に、畔を守るための彼岸花までセットで、そのシステムに組み込まれていたのではないだろうか。


## インドの灌漑ノウハウ

インドには、インダス文明時代から紀元前を通して、灌漑に

関する技術ノウハウが多くあったようだ。デカン高原の綿の畑への配水技術にも見えるし、スリランカ北部の溜池システムは、紀元前に驚くほどの高い技術力を持っていたと考えられている。

それは、乾季にはほぼ雨量がゼロになるほど乾燥し、雨季になれば洪水が起こるほど雨が降る。その激しさを緩和する溜池の技術、配水・排水の技術などが紀元前から大きく発展していた。

その技術は、場内に降った雨は、一滴たりとも逃さずに溜池に流し込む、その思想で設計された集水システムがあった。また使う時には、使用されて流れ出た水を、次の所でまた使えるように流し込む、その配水のシステムである。

これらの技術は、基本的に棚田の配水システム構築にも応用された技術である。


スリランカに、シーギリヤという世界文化遺産（1982 年登録）がある。2020 年に TBS で特集されていたので、ご覧になった方もあると思う。

Wikipedia によれば、「5 世紀にカッサパ 1 世（在位 477～495 年）によって建造された、要塞化した岩上の王宮跡と、それを取り囲む水路、庭園、貯蔵施設などの都市遺構からなる」。岩の高さが約 195m（標高は 370m）、岩山の頂上は 1.6ha の面積（甲子園球場のグラウンドより少し広い）があり、周囲は切り立った崖になっている。

紀元前4世紀から11世紀まで続いたアヌラーダプラ王国で、父である国王を殺害し、首都をアヌラーダプラからシーギリヤへ移していたが、兄に攻め込まれて自害した。その間の18年の歴史の遺構となった。

このアヌラーダプラの現在の年間平均降水量は、958mmで、雨季の10〜12月に過半の514mm、1〜9月には月平均49mmという、典型的なモンスーン気候だ。

そこで生活するために、岩山でも一滴の雨水も漏らさないようにプールを作り、そこから岩山のすぐ横にある溜池に岩に沿って雨水を流し込み、その溜池からその周辺の田畑を潤すという灌漑システムを作り上げていた。

これは、単に一つの事例に過ぎない。

スリランカには、その北部のアヌラーダプラを中心にして1万を超える古代の溜池（貯水池）が稼働しているという。九州の1.5倍ほどの面積の、北部概ね3分の1ほどがこのモンスーン地域にあたる。九州の約半分の面積に1万を超える溜池ということになるが、福岡、佐賀、大分の3県の溜池約1万1000個とほぼ同数の溜池が古代に開発されたことになる。

## 日本の灌漑システムはインド・スリランカから

日本の香川県には空海が最新式の技術で改修した満濃池を筆頭に、現在1万2269か所の溜池が存在している（香川県の

ホームページ）。溜池数で兵庫、広島に次ぐ第3位の県であるが、面積あたりの溜池数だと面積が最小県の香川県が圧倒的に第一だ。その最大規模の満濃池に近い、高松市の年間降水量が1082mm、雨季の6・7・9月で442mm、残り9か月は平均71mmとなる。アヌラーダプラよりはややマイルドであるが、日本では大変厳しい地域だ。

この瀬戸内海の気候でさえ、古代から水田での米作りに溜池が多く必要だった。これは、雨が多いと洪水という水害に見舞われ、少なすぎると干ばつになって干上がってしまう。歴史を見ても、この洪水と干ばつの繰り返しとの闘いだったのだ。

スリランカは、これを紀元前の4世紀から、インド（インダス文明）では紀元前の2000年から、その闘いの中にあり、それを乗り越えてきたノウハウがあったのだ。

ここで経済の視点から書かれている経済学者宇沢弘文氏のお話を紹介しよう。

「日本の農業は、その生産性の高さにおいて、世界でもっともすぐれたものの一つであった。このことは少なくとも、1950年代から60年代にかけて妥当していた。日本の農業を支えてきたのは、長い年月をかけて全国的に作られてきた灌漑システムと、そのすぐれたコモンズの原則にしたがった管理方法であった。この日本の灌漑システムの形成に重要な役割を果たしたのが空海であった。空海は留学僧として中国に

いたときに、当時世界でもっともすぐれた灌漑システムを
もっていたスリランカの技術と制度を学んだ」

そして、「スリランカの水利システムは、水田や他の作物の
ための灌漑用水を供給していただけではなく、地下水を保全
し、森林をゆたかに維持し、人々の家の庭をも緑豊かなもの
にするために大きな役割を果たしていた。人間の生活空間と
エコロジカルな環境とがみごとに調和して、農地と森林とが
何世紀にもわたって大きな人口を養い、すべての生物が持続
的な形で共存することを可能にしていた。その基盤を支えて
いたのがスリランカの水利施設だったのである」。
(『経済学は人びとを幸福にできるか』宇沢弘文　東洋経済新
報社)

その空海の学んだ技術は、4世紀から5世紀の仏教僧で経典
の翻訳で有名な法顕(339〜420)が、インド・スリランカに
滞在(402〜409)し、その溜池・灌漑・配水の技術を中国へ
持ち帰ったものだった。中国帰国後は、南朝の首都だった建
康で翻訳に専念した。往復ともに、南海路を使っている。

当時、仏教僧は最も知的な階層に属していた。インドにおけ
る「五明」と言われる学問分野、声明(言語・音楽)、工巧明
(工芸・技術・算暦)、医方明(医薬・薬学・呪法)、因明(論
理学)、内明(仏教の根本精神)を学ぶのである。

空海は、まさにこの工巧明をも唐への留学中に学んで帰って
来たのだ。

日本の空海が、スリランカの灌漑システムを1200年前に唐を
経由して学んだことが、平安時代の溜池や湾港整備などの技
術として伝達された。
世界最古の仏教国との絆が感じられるような物語ではない
か。

東アジアの中国・朝鮮半島・日本が、東シナ海を囲むように
存在している。その海岸には、数々の海の人たちの痕跡があ
る。
そして照葉樹林文化という東西に走る文化圏にも、その海の
文化と共通するものが多くある。
ガラスビーズや古代製鉄の産業だけでなく、稲作や棚田であ
り、織物・染色産業であり、香料文化であり、薬樹薬草であ
る。
そして、食料や安全を求めて新天地へ移動した人々、交易の
商人たち、仏教などの伝播を行う僧侶たち、それらの人々が
移動する時には、数々の有益な植物の種や球根・木株などが
共に持ち込まれて、植えられていった形跡も多い。
食料のための田畑から収穫する穀物や芋・豆類などだけでな
く、薬草園も展開され、その植物は薬だけではなく、防虫・
殺虫、染色、香料、仏教のお香など、人々を豊かにするため

261

に使用された。

シルクロードの南海路・西南路と揚子江で囲まれた中国華南・東南アジアの地域と東シナ海・日本海に面した港市との交流の太い線が、それらの物の動きと共に見えてくるのだ。

## 第12章
# 日本語の源流

## 『日本語の源流を求めて』

この本は、文学博士で学習院大学の教授をされた大野晋氏が、2007年に自説の集大成的な位置づけで発行された書籍だ。

大野氏は、日本語の源流を南インドで紀元前に巨石文化を築いたドラヴィダ族のタミル人の「タミル語」だと主張した。すでに1981年に『日本語とタミル語』を発表され、その関係性を指摘していた。その後、いろいろな批判を多く受けられて、それに応じて研究も進展させてこられた。それらを纏めなおされたのだと思う。

## 日本語の起原は不明

日本語は、多くの学者たちがその起源がどこにあるのかを研究してきたが、未だにどこから来たか分かっていない。

文法上構造が類似しているものに、アルタイ語族、つまりツングース語、モンゴル語、トルコ語などの一群があり、アルタイ語族として分類する学説もかつてあったが、単語の対応などが検討された結果、あまりにも対応する単語が少なく、

日本語の起源とは考えられていない。

縄文人と繋がっているアイヌ民族の言葉も日本語とは構造が異なっている。

中国語は文字としての漢字を共有して使っているものの、肝心の文法が全く違う。

東南アジア諸国に多いオーストロネシア語族も、発音の影響は受けていると言われているが、言語としては完全に違うものだ。またチベット・ビルマ語族についても、異なるものである。

最後に、古代から大きな交流があった朝鮮語。

確かに文法の構造が類似しており、近い仲間とは言われている。単語の対応が約150語あるにはあるが、基礎語に少ない。

基礎語が少ないということは、日本語の起源に韓国語が影響を及ぼしたということにならない。

韓国でかつて使われていた扶余語、百済語、高麗語、新羅語などあるが、これらもよく分かっていないながらも全てが当てはまらないとされている。

目下、日本語がどこから来たのか、定説はない。

では、大野氏の説である「タミル語」とはどのような言語かWikipediaで見てみよう。

「ドラヴィダ語族に属する言語で、南インドのタミル人の言

語である。……インドではタミル・ナドゥー州の公用語であり、インドの連邦レベルでも憲法に定められた指定の言語のひとつであるほか、スリランカとシンガポールでは国の公用語の一つにもなっている。

世界で18番目に多い、7400万人の話者を持つ。1998年に大ヒットした映画『ムトゥ踊るマハラジャ』で日本でも一躍注目された言語である」


## 日本語とタミル語の類似性

日本語の起源がタミル語であるというその根拠となっているポイントを纏めると、

1　同じ膠着語であり、そのうえ文法が非常によく似ている。
　　SOV（主語・目的語・動詞）の語順が同じである。
　　関係代名詞がないこと。
　　疑問文の最後に助詞がくること。
　　助詞／助動詞が22語対応している（＊この対応は凄い）。
　　（の・に・つ・が・から・と・も・は・か・や・そ・もの・
　　自動詞る・他動詞す・使役しむ・完了ぬ／つ・持続り／た
　　り・推量む・義務べし・類似ごとし）


2　単語の対応が多岐にわたり、**基礎語が多い**（約500語挙
　　げられている）。
　　1）感情表現：やさしい、にこにこ、たのしい、かわいい、

あわれ、など。

2）色の名：あか、あお、くろ、しろ、など。

3）言語行為：かたる、はなす、さけぶ、など。

4）人体：て、あし、ひたい、かしら（頭）、は（歯）、など。

5）稲作：あぜ（畔）、うね（畝）、たんぼ、こめ、ぬか、かゆ（粥）、など。

6）紡織：あむ（編む）、はた（機織のはた＝布の意味）、など。

7）神：まつる（神へ食物を祀る）、こふ（雨乞いなど神への祈り）、いむ（忌む―火葬場）、つみ（罪）、かむ（＝神の古語はカムと考えられている）、など。

8）船：ふね（タミル語プナ）、日本語の船は「船出」「船乗り」「船人」など熟語になると「ふな」である。それに対しての「プナ」。船に乗って日本へ到来したことを彷彿させる。


## 日本とタミル地方の墓制の類似

①支石墓

墓の上に数個の支石を置きその上に長方形の石板を載せる碁盤式の墓。北九州と長崎。類似性のある支石墓が、南インド⇒中国浙江省⇒朝鮮半島南部⇒長崎・佐賀・福岡（シルクロードの南海路）と続いている。

## 日本語とタミル語の類似性

アルタイ語に極めて近い言語だが、アルタイ語族に属していない

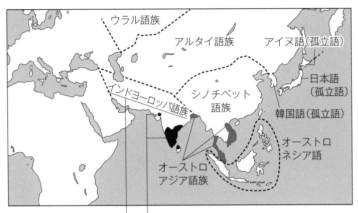

インドへアーリア系の
インドヨーロッパ語族
が入ってきたのは紀元
前15～16世紀アルタ
イ語族であったドラヴ
ィダ語族を南へ追いや
ったという学説もあ
る。

80％～20％
ドラヴィダ語族
約2億人
その内7400万人がタミル語族
マラヤーラム語が3570万人でタミル語から
分離した。
解明されていない言葉として、シュメール～
エラム～インダス文明の言語が、現在パキス
タンで少数のドラヴィダ語族である**ブラーフ
ーイー語**と関連が指摘されている。
ドラヴィダ語は、文法は極めてアルタイ語に
類似しており、アルタイ語族と関係があると
いう学説もある。

作者による追記となるが、支石墓は欧州で始まったとされ
る。世界中に多くあり、とりわけ韓国にその半数近く3万
基ほどあるとされている。紀元前1000年頃から紀元前後頃
まで作られた。

北方の長い支柱を使ったテーブル式と、南方の短い支柱の碁盤式に分かれ、韓国にはその両方共に多くある。南方系は南部に集中していて、それがシルククロードの南海路で伝えられたと考えている。

また中国には、浙江省に日本と類似のものがある他は北方型が満州などに見られる。

日本では、弥生時代前期に出現し、数百年で消滅した。糸島半島、松原半島、島原半島、五島列島などで見られ、南海路で伝わった海の人たちの墓と考えられる。

インドでは、南インドで紀元前1000年頃にはじまり、4000基ほど見つかっている。


②甕棺墓

土器で作った大きな甕を棺とするもの。弥生時代前期・中期〜後期に北九州特に福岡平野・筑後平野・佐賀平野に密集している。南インドマドラス周辺では紀元前10世紀頃から紀元後3世紀頃まで続いている。大きな棺を焼き物で作る発想自体が共通し、形も類似性が高い。甕棺の埋め立て方にも共通性が見られる。


作者の追記だが、ベトナムでは、ハノイ近くのフングエン遺跡からはじまり、中部ダナン・ホイヤンの近くにビンチヤウ遺跡、サーフィン遺跡など11遺跡が集中し、全国で29遺跡から見つかっている。内23は海沿いに近い。南海

路の人たちと関係しているだろう。

韓国では、西南部のみから出土している。これも海の人た
ちの領域である。

日本に戻るが、福岡県西部と佐賀県の東部の青銅器生産拠
点などの遺跡から数多く出土し、合計おおよそ 2 万基とい
うとてつもない墓群となっている。人骨から弥生系渡来人
であることは分かっているが、DNA の鑑定含めてそれ以
上の研究は進んでいない。

吉野ヶ里のメインの墓制で3100基超（吉野ヶ里ホームペー
ジ）。

他のデータは、1988 年のものしか見つけられなかったが、
佐賀県小郡・鳥栖で 2522 基、福岡早良 1586、春日 1769、
筑紫野市隈・西小田約 1800 など合わせると 1 万 7855 基。
（「九州の甕棺－弥生時代甕棺墓の分布とその変遷」藤尾慎
一郎より）

そして甕棺の中から副葬品として数多くのインドビーズも
出土している。


③陶棺

粘土を焼いて作る棺。古墳時代に岡山・大阪・奈良に出
現。とりわけ岡山に集中している（全国約 700 個のうち
80％を占める）。特にその内でも美作で約 70％という集中
ぶりである。6～7 世紀である。大きな陶棺を焼けるほどの
大きな窯が必要である。そこまでして陶棺にこだわってい

るわけだ。

陶棺にわざわざ足をつけているのが大きな特色で、南イン
ドマドラス周辺（タミル人の勢力地域）で紀元前後に見ら
れたものも足がついており、その特殊性においても類似性
が極めて高い。

作者の追記だが、これは、作った人に教わったか、現物を
持ち込んで同じものを作らせたか、何か強い影響があった
と思える。偶然に同じものが違う場所で、違う時代に作ら
れた、と言えるようなものではないくらい特殊な形状であ
りながら類似性がある。

弥生時代の墓制はかなり多様化しており、多くの形態を残
している。その中でも、上記３つの墓制は、明らかに渡来
人が持ち込んだ墓制であり、民族の特徴を示す大きな手掛
かりであるにもかかわらず、そのような観点で研究がされ
ているものを見つけることが出来なかった。


## その他の文化的な側面の類似性

①土器に書かれた絵文字のようなグラフィックの類似：
　弥生時代の後期の奈良最大の遺跡である鍵唐子遺跡から多
　数出土。

②母系社会で男性からの妻問婚の類似：

平安時代の女性文学の頂点にある『源氏物語』を読めば、古代日本に妻問婚が残っていたことが分かる。現在も南インドのタミル族の村に残っている。

## そして驚きはなんと「五七調」！

タミル語は、紀元前の数世紀に文字を持ったと考えられるが、紀元前 1 世紀にタミル独自の文学が芽生える。パーンディア朝（紀元前 6 世紀頃〜14 世紀）の首都マドゥライ（マドラス）にサンガム学芸院があり、宮廷の詩人たちが集まっていたという。

そのサンガム学芸院で 1 世紀〜250 年に作られた 2 大詞華集なるものがある。その「パットゥ・パットゥ」と「エットゥトハイ」には、470 余人の詩人の 2391 首もの詩が残されているが、その、四分の三以上にあたる 1850 首がアハム文学と呼ばれ、題材が男女の愛である。

その中の第 3 番目の年代「カリ調」の中に、数百におよぶ五七調の歌があるのだ。長歌は五七五七五七……五七七、短歌は五七五七七である。母音の数で数えているので、ちょうど和歌の文字数にマッチすることになる。

恋愛のおおらかな歌がモチーフになっている点も、実に『万葉集』に類似しているという。

和歌の誕生に大きな影響を与えたと考えられる。

大野晋氏は、「岩波古語辞典」の中の「上世と平安」の担当で、その中で『源氏物語』に惹かれ、半端ではない研究をされた。1989年に丸谷才一氏との共著『光る源氏の物語』では、芸術選奨文部大臣賞を受賞されるほど、日本の古語に対する研究を進めた方だ。

日本古語にこれだけ精通された方がタミル語に出会ったからこそ、ここまで研究されることが出来たと感じる。

『日本語の源流を求めて』は説得力溢れる内容で一時大きく取り上げられたが、多くの専門家の方々から批判が続き、大きな視点では「歴史を無視している」ということで退けられているようだ。


## 日本の古代文学とタミル文学

タミルのサンガム文学の歌の分類をすると、圧倒的に恋愛の歌なのである。

中国では、恋愛の歌は古く詩経（紀元前11～紀元前8世紀）に戻るか、南朝の詩集になってしまう。基本的に中国は儒教の影響があるのだろう、恋愛の詩集はごく限られている。

南朝文化へは、タミル文学が影響した可能性もあるかもしれない。南朝文化の基層にも、仏教が大きく入り込んでおり、インド僧も多く招聘されていた。それに、雲南地方には、インド商人が入ってきていた。南朝とは「インド化」していた

ベトナムの林邑国や扶南国との親密な朝貢関係もあった。


サンガム文学の詞華集（南インドの宮廷文学1世紀〜3世紀）
2391首
・1850首　恋愛歌（77％）
・541首　進軍・攻撃・戦闘・祝勝・挽歌・田園・道徳
2大詞華集のほとんどが恋愛歌集となっている。


恋愛歌は、『万葉集』の分類の相聞歌に相当し、その他は
『万葉集』の雑歌と挽歌にあたる。
『万葉集』では、約4500首の内1750首が相聞歌で39％にあ
たっている。
この比率は、中国文学ではあり得ない。分類も恋愛歌をカテ
ゴリー分けすることもない。
短歌の57577調へ与えた影響と共に、『万葉集』の歌の分類
方法についても、恋愛歌が多くあることも、タミル文学の影
響を受けたと考えて間違いないと思う。


サンガム文学の代表的な詩集『エットゥトハイ　古代タミル
の恋と戦いの詩』（高橋孝信訳　東洋文庫）の「解説」によ
ると、詩人の数が473人の中の人物は伝わっていない。詩ご
とに、詩人のカテゴリーが分かっている。
プラヴァル＝知者（詩の優れた知識階級）、アハヴァル＝叫
ぶ人（戦士などの栄誉を称えるアナウンスをする人か）、

クーッタル＝踊り手、パーナル＝吟遊詩人、ポルナル＝戦士などである。

身分の低い踊りや歌、劇などの芸を披露する職業集団が含まれていて、詩人が宮廷で披露したものを、旅芸人が各地で朗誦して回ったであろうとも推測されている。

また 30 人が女性詩人であったという。

まさに万葉の世界へそのまま影響したであろうと思えるではないか。

## 日本語とタミル語の単語の対応

私は言語学者ではないので、上記の内容に関しての判断基準は持っていない。

しかし、500 ほどに上る単語の対応があり、しかも基礎語に多い。

それを、タミルの商人たちが持ち込んだと考えられる産業の中で見てみよう。

### 農業

最も多く 17 の単語が対応している。

畔（あぜ、あで、あど、あな、あね、くろ等）

畝（うね）

田（たんぼ）

泥（しろ）苗代のしろ

ます（水門を備えた排水路）

畑（はた、はたけ）

焼畑（こば）

稲（に）

粟（あわ）

米（こめ）

神米（くま）

糠（ぬか）

餅粉（あれ）

粥（かゆ、あまり）

餅（もちひ）

糠・粕（ぬか、かす）

しとぎ（米粉で作った小さい球形の菓子）

対応単語の多さと、田んぼ作りの単語、食品まで網羅している。日本の米の最有力の原産地候補は中国華南と朝鮮半島南部だが、農業での中国語の対応は無く、韓国語との対応は「田」「畑」「しとぎ（餅）」のタミル語とも対応する３語。
たとえ華南から中国原産の米が渡って来たとしても、それを持ち込んで広めたのは、海の人タミルの人々だったという可能性が考えられる。中国から伝わったにしろ、韓国から伝わったにしろ、稲作に係わる日本語の単語に、ほとんど中国語や韓国語が出てこない理由がそれ以外に説明が出来ないのではないか。

対応語に畔、畝、泥（しろ）、ますなど水田の灌漑・配水システムに係わる用語もあり、米とともに水田の作り方をも持ち込んだのだろう。

**鉱業**

金（かね）

鐘（かね）

金（くがね）＝黄金

銀（しろがね）＝白金

鉄（くろがね）＝黒金

『万葉集』の803番、奈良時代初めの貴族で、歌人で有名な山上憶良の有名な歌である。

「銀母　金母玉母　奈尓世武尓　麻佐礼留多可良　古尓斯迦米夜母」

「しろがねも　くがねも　たまも　なにせむに　まされるたから　こにしかめやも」

少なくとも、奈良時代に金銀銅鉄の違いを区分するのに、使われていたことになる。

**繊維**

編む

織る

ハタ（布・服・旗・凧・織機）

長崎では凧を「ハタ」と呼ぶ。五島列島では「バラモン凧」
が著名。インドの僧＝「バラモン」と凧＝「ハタ」の繋がり
はずばりタミル語を連想させる。

倭文（しつ）（麻や梶の木でつくる織物）

アゼ（縦糸を整える機構）

マネキ（アゼを上下させる足踏みする板）

青・藍（藍染めの染料を取るマメ科の植物インディゴ）

黒（くろ、黒色の泥っぽい顔料）


倭文（麻織で模様をつけることはインド起源）、機織の機械
の部品、インド発の染料の色などとの対応で、極めて繊維産
業の専門的言葉である。


**医薬**

人体：手・足・頭・顔・額・首・歯・唾・脇・玉門・臍

マル（小便する）

ボケ（湯気・蒸気）

カッタイ（ハンセン病）

ムッチャ・メッチャ（天然痘）


人体用語対応が多いのは、タミルの医者に診断をしてもらっ
たということではないか。

ハンセン病と天然痘の名前が対応しているのも、医者の診断
からではないだろうか。

無茶苦茶や滅茶滅茶は、天然痘で痕が残り滅茶苦茶になったことから来ているとか。

多くの商品や技術を日本へ持ち込んで産業を振興したリーダーと思われるタミルの商人たち。鉄やガラス産業、医薬や繊維産業などに大きな可能性を示している。その労働力を支えるために人の渡来にも関与をして、その人口増加を支えるために田畑の開発も行ったと思える。

それを想起させるような単語が並んでいるではないか。これは単なる偶然ではないだろう。タミルの人たちが、これらの産業を日本へ持ち込んだことを示すものだ。

## 五十音図「あいうえお」

日本語の五十音図というのは、おそらく小学校の１年生で習うもので、現在の日本人には常識と言っていい。しかし、この五十音図にたどり着くために、実に長い歴史があったことはご存じないだろう。

まず原型を生み出した人々は、奈良時代以降に仏教に従事している僧たちで、密教仏教の真言・呪文などに使うサンスクリット語を、いかに発音するかを学ぶために必要となった学問悉曇学の研究者たちである。

悉曇学とは、梵語（サンスクリット）、梵字に関する研究の

ことだ。

## 安然

平安時代前期の天台宗の僧。延暦寺で悉曇学などを研究した。880 年に「悉曇蔵」に早期の悉曇学説を書いた。

## 明覚

平安時代後期の天台宗の僧として延暦寺で悉曇学を学び、真言宗の寺院加賀国の霊方山薬王院温泉寺にて悉曇学の研究を続けた。温泉寺は、725 年行基が山代温泉を発見した時の開基であり、10 世紀末に花山法皇が再興の勅願を行い、明覚上人が再建したもの。

その間に悉曇学に関する著書を複数記し、悉曇学の祖となる。

サンスクリット語の母音と子音（どちらも日本語よりはかなり多い）の並びを素直に日本語に当てはめたものを図にしたものがあり、これが五十音図の元祖である。

母音は「あいうえお」の順だが、子音は「あかや（喉音）さたなら（舌音）はまわ（唇音）」だった。

その後、室町時代後期には 50 音順での辞典が初めて出され、江戸時代には五十音図として確立した。奈良時代から 1000年の歴史である。

これも、インドの古語、サンスクリット語を一部の仏教僧が

継続して学んできたからこそ生まれたものである。

タミル語が日本語の起源であるという証明にはならないが、同じインドの言葉であるサンスクリットの発音を学ぶ人たちが1000年を超えて継続して研究を続けたということだ。その努力があって五十音図が生まれた。

それは、日本語の発音が地域によって、とりわけ東日本と西日本とに分かれて、大きく異なっていたことがニーズとしてあったのだろう。そこには50音に含まれない発音もあったわけである。

多民族の集まりの中で、言葉の発音を分かり易くするという努力を継続出来たのは、巨大な仏教国であった日本に、それほど熱心にサンスクリット語を学び続けた研究者たちが継続して存在していたという証でもある。そして、多くの民族が集まった日本において民族の融合に努力を続けた賜物と言えるだろう。

ここまで日本語の発音を研究し、それを育ててくれたサンスクリットの研究者たちがいたということは、不可思議なご縁ですませるには恐れ多いではないか。

## 歴史は可能性を物語っている

ここまで、古代の日本の歴史を世界の窓から眺めてきた。決して学問の専門性を持ったものではないし、系統だってロジカルに説明をしてきたわけでもない。

だが、「仏教は、インドから中央アジアを通り、シルクロード（オアシス路）を通って中国へ伝えられ、それが朝鮮半島へ伝播し、百済から日本へ伝えられた」という教科書的な一元論があり、全ての文明がシルクロード（オアシス路）から伝えられたとされる。

それは、多くの学者がその呪縛の中にあるか、あるいは「天竺」という偉大な文明国の影響を認めたくない人たちの防衛本能によるものだろう。


インドという国には歴史がないとよく言われている。

それは、歴史がないのではなく、王や王朝の人たちが何をしたのか、記録を残すことに価値を置いていなかった、というに過ぎないように思える。それは、インドの人たちにとっては死が終わりではなく次の輪廻への始まりであり、この世で起こった出来事は枝葉末節のことだったのではないか。

しかし、「ヴェーダ」とう宗教とその祀りの在り方には、千年を超えて詠唱によって受け継がれ、文字として残された。神話の世界も、「マハバーラタ」と「ラーマーヤナ」に残され、そしてタミルの詩集もだ。

これはインドが誇るべき文化と言えるものだが、現在まであまり研究は進んでいない。それらが『古事記』や『万葉集』へ影響を与えたことを、認めることが恐ろしいのかもしれない。

タミルの人たちの、商人としての動きも文献としては残されているものは、ごく限られている。しかし、それはガラスビーズや、鉄の製品や、繊維・染色や、真珠や、植樹された痕跡のある植物や、溜池など、産業への貢献としての痕跡で残されているのである。
それを浮き彫りにすることで、タミルの人々から学んできた日本の歴史の新しい姿をおぼろげでも描くことが出来たと信じている。

歴史は、タミル語が日本語へ大きな影響を与えた可能性を示している。
それとともに、天竺の文化が、日本の誕生の基層に大きな役割を果たした可能性も示しているのだ。

## あとがき

今回、タイトルを『誰も書かなかったグローバルから見た日本古代史「新・日本の誕生」』としたのだが、実は日本という概念は「日本国」が出来た時に生まれたものであり、その「日本国」の誕生は7世紀の終わり頃から701年にかけての間である、というのが日本古代史研究者のコンセンサスだ。

それを厳密に考えると、「日本の誕生」というタイトルは矛盾に満ちている。それを承知で、今回日本国の誕生を論じることなく、タイトルを「新・日本の誕生」とさせていただいた。

これは、日本という国が生まれてくる弥生時代中期から古墳・飛鳥時代（紀元前5世紀頃から7世紀）にかけて、日本が置かれていたグローバルな中のダイナミックな激動期において、「震旦」（中国）とともに「天竺」（インド）の影響を理解することなく、「日本国の誕生」を議論することはできないと、考えたからである。

そして、教科書においても「天竺」のことは日本の古代史で取り上げられることはなかった。唯一新羅を介して唐初期の仏教文化の影響を受けたとする「白鳳時代」（7世紀後半～8世紀初頭）、まさに日本国が誕生した時である、インドのアジャンター石窟絵画（グプタ様式—4～6世紀）が、法隆寺の金堂壁画などへ大きな影響を与えた、という趣旨の記載があるに過ぎない。

日本の古代史の視点の中では、天竺＝インドの影響は忘れ去られているのか、消し去ってしまったのか、全くと言ってよいほどカバーされていないのだ。

今回は、この視点にのみ焦点を当てるという試みであり、「日本国」に関しては敢えて視点から外した。

これは、「国」という枠組みよりも、「産業構造」という枠組みで見た方が、グローバルの視点になじむためでもある。日本古代史の中には、産業の視点もほとんど見られないのだ。弥生時代後期から古墳時代は、日本にとって産業の立ち上げ時期であり、日本国を生み出す富国政策―ケインズの公共投資に繋がるような―道路、港、灌漑・溜池、水田などが開発・整備され、古墳と共に埴輪などの副葬品も多く作られた。さらに、鉱山開発や様々な衣食住に係わる産業、贅沢品（玉・真珠・宝石など）、軍需産業（武器、鎧・兜、馬具など）などなど、大きく経済を成長させてきた。高度成長時代が長く継続していたのである。

これが、中央集権の日本国の統一に向けた、大きな富国の流れとなった。

この時に、確証はないが、貿易立国の強さも学んだのではないかと思うのだ。


次のステップは、さらに大きな壁が待ち受けていると感じているが、「新・日本国の誕生」にチャレンジしたい。

本書籍で扱っている主な古代史の年表＝タミル商人がシルクロード南海路で活躍していた時代

| | 西欧・中近東 | インド | 東南アジア | |
|---|---|---|---|---|
| 紀元前7世紀 | ギリシャで都市国家アッシリア栄える<br>金属貨幣始まる | ブッダ誕生（学説多数） | | |
| 紀元前6世紀 | ユダヤ国再統一後「バビロンの捕囚」<br>ローマの共和制始まる<br>アケメネス朝がペルシャを統一 | 仏教・ヒンドゥー教誕生<br>コーサラ国・マガダ国など栄える<br>南インドでウーツ鋼の生産開始 | | |
| 紀元前5世紀 | ペルシャ戦争でギリシャ勝利<br>ヘロドトス「ヒストリアイ」（歴史書） | 仏典が出来る<br>マガダ王国北部統一<br>アリカメドゥでガラス生産開始 | ベトナム中部から南部にかけて、青銅器と鉄器の共存するサーフィン文化が始まる（古代製鉄） | |
| 紀元前4世紀 | アレキサンドロス「インド遠征」 | 南インドにチョーラ朝・パーンディア朝<br>どちらもタミル系国家で繁栄・衰退を繰り返しながら13〜14世紀まで続く<br>チョーラ朝は10〜11世紀が全盛期<br>パーンディア朝は真珠産業を支配：「エリュトゥラー海案内記」（1世紀）で繁栄の記録<br>北部はマガダ国のマウリア朝チャンドラグプタ王による繁栄 | 雲南省から北部ベトナムへかけて、同じ銅鼓を持つドンソン文化が生まれ、青銅器と鉄器が共存する。この銅鼓が、1世紀にかけて東南アジア各地へ広がりを見せる | |
| 紀元前3世紀 | ギリシャ文化がエジプト・ペルシャヘレニズム | マガダ国アショカ王中北部の統一<br>仏教に帰依し各地へ伝播の使徒を送る<br>スリランカ（セイロン島）仏教国となる<br>バラモン教のヴェーダ（知識）編纂 | タイのバンドンプロンの製鉄遺跡 | |
| 紀元前2世紀 | ローマポエニ戦争でカルタゴに勝利 | 中央デカン高原にサータヴァーハナ朝：南海路での交易で巨大な富を得た。西ガーツ山脈や東へ連なる丘に、仏教石窟が作られ始めた。ドラヴィア系と考えられている。寄進者には、王・商人・手工業者が並び、1/3が女性である。 | | |
| 紀元前1世紀 | ローマ実体的な帝国化で地中海統一<br>アウグストス実体的な皇帝（BC27）<br>イエスの誕生（BC7頃〜30）<br>「ストラボンの地理誌」（世界地理） | | | |

| 中国 | 朝鮮半島・東アジア(全体) | 日本 | 作者備考 |
|---|---|---|---|
| 春秋時代（BC770〜BC403） | | 神武天皇による建国（BC660） | |
| 孔子（BC551〜BC479） | | | |
| 諸子百家（富国強兵政策等の学派）誕生　呉越の戦い（呉滅亡：BC473）<br>晋分裂諸侯と並び戦国時代へ（BC403）<br>呉越楚の国へ古代製鉄法による刀が伝わる（墓の副葬品から） | | | |
| 楚により越滅亡（BC306）<br>戦国7雄が揃い最後の統一への戦いへ<br>雲南・広西チワン自治区でインドビーズが副葬品で出土 | | 甕棺墓が九州北部で始まる（BC4〜AD1世紀） | シルクロードの南海路との交流が始まっていたと考えられる |
| 秦による統一（BC221〜BC206）<br>秦の始皇帝、徐福を東海へ向けて蓬莱の神仙（不老不死の薬）を求める<br>漢による統一（BC202） | | | |
| 武帝による中央集権（BC141〜BC87）<br>西南路でインド〜雲南の交易を発見⇒漢時代通じて雲南を攻めるも攻略できず | 衛氏朝鮮建国（BC194）<br>漢、楽浪郡など4郡を設置 | 北九州はじめ日本海沿いを中心に、港市が各地に誕生、初期の国の形成<br>青銅器産業、繊維産業、玉造産業などが始まる | シルクロードの南海路と日本とのネットワークが太くなっていたと考えられる |
| 司馬遷「史記」完成（BC97） | 高句麗国、漢より独立し建国（BC37） | インドビーズのガラス生産、古代製鉄なども開始されていた可能性が大きい | インドビーズのガラスの生産や古代製鉄の技術がインドから日本へ持ち込まれていた可能性が大 |

| | 西欧・中近東 | インド | 東南アジア | |
|---|---|---|---|---|
| 1世紀 | パウロによる伝道⇒キリスト教の普及<br>「エリュトゥラー海案内記」<br>「ローマによる平和の時代」（BC27～180）驚異的な建設土木技術により、全国の道路網・水道網・闘技場など展開 | タミルのパーンディア王朝の首都マドライで王宮文化が栄え、サンガム文学（1～3C）が盛んになる（57調の詩も多い） | ミャンマーにピュー国建国（大乗仏教）<br>9Cまで継続<br>南ベトナム・カンボジアに扶南国建国<br>7Cまで継続（大乗仏教・ヒンドゥー教）伝説ではインドのバラモンを王に迎える | |
| 2世紀 | ローマ帝国五賢帝時代（96～161）<br>「プトレマイオスの世界地図」 | | 中ベトナムに林邑国建国、チャンバー王国として17Cまで継続<br>（大乗仏教）<br>東南アジアに重さやデザインが共通の銀貨が流通（ピュー国と扶南国） | |
| 3世紀 | | パッラバ朝が南東海岸を支配し、都カーンチープラムが中心となる。東南アジア諸国との交易により栄えた。（275～897） | 林邑国3C～572年に中国南朝へ50回を超える朝貢 | |
| 4世紀 | ゲルマンの大移動が始まる<br>キリスト教がローマ帝国の国教化<br>ローマ帝国東西に分裂 | グプタ王朝（320～550頃）4世紀にチャンドラグプタ1C－2Cによる全盛期。仏教を保護し、グプタ様式の仏教美術とサンスクリット文字による叙事詩（神話）、劇作などの他、文学、経典、哲学なども盛ん。ローマとの交易が盛んで、金貨の質・重さをローマ金貨と統一にした | | |
| 5世紀 | | ナーランダー僧院が建設（427～1197）最盛期には1500人の教師と1万人の学僧が住まう。大乗仏教を中心に仏教諸派、数学、天文学、医学、文法、哲学、ヴェーダなどを教えていた。 | インドネシアは4～5世紀よりインド化 | |
| 6世紀 | | | タイ～マレー半島にドヴァラヴァティ王国誕生：インドとモン族の国で、大乗仏教国である（陳書に583に初出） | |

| 中国 | 朝鮮半島・東アジア(全体) | 日本 | 作者備考 |
|---|---|---|---|
| 王莽が新を建国 (8～23)<br>後漢建国 (25) し全国統一 (37) | 首露王が駕洛国を建設 (42：神話より)<br>インドアユダ国より皇妃 (黄許玉) を迎え入れる (48)<br>扶余国建国 (9ごろ) 後漢へ初めて朝貢 (49) | | |
| | | 倭国王帥升より後漢へ朝貢 (107) | |
| 後漢が滅亡し三国時代 (220～280)<br>晋 (265～316) が全国統一 (280) | 韓は西から馬韓、弁韓、辰韓に分かれ、多数の小国が属す。(「三国志」より) 後の百済、伽耶、新羅の3国となる)<br>済州島に交易を行う国 (「三国志」)<br>遼東の公孫氏の帯方郡 (204～238) | 卑弥呼魏国へ朝貢 (239) 2回目の朝貢 (243) で絹織物を持参<br>吉野ヶ里から貝紫での染色絹布出土<br>壱与晋国へ朝貢 (266) 不思議な模様の絹織物持参 (「倭国」繊維産業が発達)<br>奈良に纏向遺跡、前方後円墳が開始<br>纏向遺跡から紅花・バジルの花粉 (インドから持ち込まれた可能性大) | 世界最先端の染色技術が日本へ持ち込まれていた<br>「倭錦」という絹織物のブランドを朝貢に使うほどだった<br>「倭族」＝「イ (Yi) 族」が中国に存在していた |
| 華北：五胡十六国時代 (304～439)<br>華南：東晋 (317～420) ⇒宋 (420～479) | 三韓時代はじまる<br>百済・新羅・高句麗が強国となる | | |
| 南北朝時代 (439～589)<br>北朝は北魏―太武帝廃仏 (423～452)<br>南朝は宋 (420～479) 斉 (479～502) 梁 (502～557)<br>仏教振興政策・貴族政治 | 済州島の耽羅国の記事 (韓の正史)<br>伝説では碧浪国から3人の王妃を迎える | 「倭国」より南朝へ朝貢 (413～502に10回を超す―南朝が仏教栄えていた時期) | |
| 北魏六鎮の乱から国分裂 (523～534)<br>分裂後随が統一 (589) まで国乱れる<br>南朝梁の武帝 (502～549) 仏教政策の最大の推進者 (インド僧の訳者など建康に集まる)<br>549～隋による統一まで不安定な政治続く<br>随による南北統一 (589) | 百済国の武寧王 (王位501～523)、聖明王 (王位523～554) 仏教全盛―南朝との太い関係 | 伽耶4県を百済へ割譲 (512)<br>百済聖明王より仏教公伝 (552) ⇒蘇我氏と物部氏の対立 (崇仏戦争へ587)<br>伽耶が新羅により滅亡 (562) | |

| | 西欧・中近東 | インド | 東南アジア | |
|---|---|---|---|---|
| 7 世紀 | | インド仏教はヒンドゥー教に押され、密教化を進めて行った。 | | |
| 8 世紀 | | | インドネシアでボロブドゥール建設（大乗仏教） | |
| 9 世紀 | | | | |
| 10 世紀 | | | | |

| 中国 | 朝鮮半島・東アジア(全体) | 日本 | 作者備考 |
|---|---|---|---|
| 唐が隋より禅譲（618〜907） | 百済（660）・高句麗（668）滅亡させて、新羅が半島統一（668〜900） | 遣隋使・遣唐使を送る（600〜838）<br>大化の改新（645） | 山城が多く作られるが、城の機能がないものが多く、「薬草園」＝「機能性植物ビジネス」が展開されていた可能性を示す |
| 広州に市舶司が設けられる（714）国際貿易港として機能し、蕃坊（外国人居住区）が生まれる<br>雲南に南詔国がイ族（倭族）により建国（738〜902）都城「太和城」を建設（739〜779） | 新羅が東シナ海〜日本海の制海権を支配し、貿易国として栄える（8〜9世紀） | 大宝律令（701）初めての律令が完成<br>「日本書紀」完成（720）初めての国史<br>平城京へ遷都（奈良時代）（710〜794）<br>肥前国（長崎の大村湾岸）で真珠の記事（「肥前国風土記」）<br>出雲の国で渡来の薬草が多く植えられていた（「出雲風土記」）<br>日本最古の歌集「万葉集」編纂される（759〜780の間）<br>平安京へ遷都（平安時代）（794〜1185） | 継続して真珠国である旨後世の記事が出てくるが、正式な朝貢などでは記載されることはなかった。正倉院には多くの真珠（アコヤガイ）が保存されていた。<br>仏教のビジネスが拡大したが、香料など新羅経由でインド・東南アジア・ヒマラヤなどの高級品を購入した |
| 舟山群島の普陀山に観音像が創建される。日本の僧慧萼が開祖（858） | | 「大同類聚方」作成（808）日本最古の薬の書 | |
| 唐滅亡（907）<br>銭王が杭州市を拠点に呉越国建国（907〜978）仏教を基盤にした国作りを行った。宋王朝が開封を首都として建国される（960）呉越国も宋へ禅譲された（978）<br>広州・泉州・杭州に市舶司を設置し、海の貿易港を決めた（989） | | 「医方心」作成（984）日本最古の医学書 | 医薬・薬学は実にグローバルで、紀元前から「薬草の道」が開けていた。シルクロードの「西南路」と推測される |

**著者プロフィール**

**岡﨑 裕夫**（おかざき ひろお）

1953 年生まれ。大阪府出身。
京都大学経済学部卒。
パッケージング会社に長く勤務。
これまで海外赴任地は、アメリカ（アナハイム、フェアフィールド）、ドイツ（ブレーメン）、イギリス（ジリンガム）、フランス（パリ）、オランダ（アイントホーフェン）。
著書に『落ち穂拾い―17 年の海外赴任の経験から日本を見る』（文芸社）がある。

誰も書かなかったグローバルから見た
日本古代史「新・日本の誕生」

2023年 9 月15日　初版第 1 刷発行

著　者　　岡﨑 裕夫
発行者　　瓜谷 綱延
発行所　　株式会社文芸社
　　　　　〒160-0022　東京都新宿区新宿1－10－1
　　　　　　　　　電話　03-5369-3060（代表）
　　　　　　　　　　　　03-5369-2299（販売）

印刷所　　株式会社フクイン

ISBN978-4-286-24433-4